室内设计签单术

张付花　孙克亮◎编著

中国轻工业出版社

图书在版编目（CIP）数据

室内设计签单术 / 张付花，孙克亮编著．—北京：中国轻工业出版社，2021.11

ISBN 978-7-5184-3474-9

Ⅰ．①室…　Ⅱ．①张…②孙…　Ⅲ．①室内装饰设计—市场营销学　Ⅳ．①F407.915

中国版本图书馆CIP数据核字（2021）第070601号

责任编辑：陈　萍　　责任终审：劳国强　　整体设计：锋尚设计
策划编辑：陈　萍　　责任校对：吴大朋　　责任监印：张　可

出版发行：中国轻工业出版社（北京东长安街6号，邮编：100740）
印　　刷：艺堂印刷（天津）有限公司
经　　销：各地新华书店
版　　次：2021年11月第1版第1次印刷
开　　本：710×1000　1/16　印张：11.5
字　　数：220千字
书　　号：ISBN 978-7-5184-3474-9　定价：49.80元
邮购电话：010-65241695
发行电话：010-85119835　传真：85113293
网　　址：http：//www.chlip.com.cn
Email：club@chlip.com.cn
如发现图书残缺请与我社邮购联系调换
200179S5X101ZBW

人性解码（学会客户分析）

读懂顾客——学会察言观色

对“症”下药（学会精准施策）

目 录

自我修行（做一个优秀的设计师）

设计师和业务员在与他们的客户进行沟通交流，但是有针对性提升谈单能力、掌握沟通技巧的指导书少之又少，所以这一群体的职业素养和业务能力存在较大的差别。室内设计专业学生更是缺乏与客户沟通交流的实践经验，在走上工作岗位之前，往往缺乏信心。学会基础设计方法和技巧后，你会猛然发现沟通谈单的能力与开拓创意的能力同样重要。

本书主要从自我修行（做一个优秀的设计师）、人性解码（学会客户分析）、对“症”下药（学会精准施策）、签单心法（快速签单能量密码）、把握签单时机（实现有效成交）、真情相待（做好客户关系维护）六个方面进行分析，用简单明了的问答形式向读者讲述如何提升自身能力及向客户展示自我、如何选择和接待客户、如何在谈判中取得双赢、如何进行客户关系维护、如何有效整理客户资料、如何通过完工的项目为客户和自己争取更大的收益等问题，帮助室内设计师解决谈单过程中的各种问题。

为了方便广大读者随时随地学习，特录制音频，扫描对应二维码即可收听。

张付花

2021年7月

前 言

如何才能做一名优秀的室内设计师？怎样才能快速实现设计生涯第一单？第一次和客户谈平面方案不知道该说些什么，怎么办？怎样才能获得客户的信任？客户向我议价了，我该如何应对？客户说要再考虑考虑，我该怎么应对？如何管理客户档案？遇到客户投诉，我该怎么应对？作为刚刚入行的你，是不是有一肚子的疑问？别着急，本书针对谈单细节讲解，为设计小白签单制定详细攻略，有效帮助室内设计师实现自我营销和成功签单。

室内设计师是富有创造力和天赋的群体，很多设计师的设计思路清晰、作品优秀，但是往往在与客户沟通交流方面存在问题。在中国，每天有大量的室内

签单心法（快速签单能量密码）

把握签单时机（实现有效成交）

真情相待（做好客户关系维护）

自我修行（做一个优秀的设计师）

设计之路是漫长而艰辛的，会设计、懂工艺、擅营销是设计师必备的三大技能，或许有人说我走的是技术路线，只需要画图做方案，不需要营销，那说明你还停留在绘图员的阶段，就算大师级别的设计师，谈单也需亲力亲为，一个完整的方案自始至终都需要跟客户经过数次沟通、提案，不懂营销的设计师是不可能把项目做好的。

Q1 设计师身份的再定位

家装设计师只做设计吗？答案真没那么简单！好多人埋头伏案做设计，到头来发现除了绘图日趋熟练，设计作品越来越漂亮外，每个月翻来覆去还是那么几个单，什么原因？要解决这个问题我们首先来看什么是家装。

家装，顾名思义就是家庭的装修，区别于艺术品设计。在家庭装修中，客户的资金预算限制着你的报价，客户的审美需求决定了你的设计风格，公司的盈利要求制约着你的成本核算，这些对设计来说都是一种制约，所以单纯追求设计效果只能走艺术家的路线，与家装设计师以满足客户需求为出发点的工作内容不匹配。

当今社会，对一个成功的家装设计师是有一定要求的，他们必须拥有多重身份，谈单过程中他们客串了营销人员，设计过程中他们代表着设计师，施工过程中他们又成了施工人员，在不同的阶段起到了不同的作用。

如果对家装设计师的这几个角色在时间轴上进行划分，一般顺序是这样的：营销人员在先，设计师居中，最后才是施工人员。从中可看出，营销任务为首要，没有营销或者说没有签单，一切后续等于零。所以在家装界评价一个设计师的标准，主要不在于这个设计师设计了多么好看的作品，而是这个设计师能不能多签单，只要能签单就是一个好设计师。设计能力再强，不能签单或者签单能力不强，对企业来说，你只是一个好的绘图员，而不是一个好的设计师。

设计要为签单服务，签单不在设计，而在于营销。如果将家装设计师作为一个职业乃至于你毕生奋斗的事业时，那么请对你的认识进行重新定位：家装设计以签单为中心，设计师的首要工作就是签单。从今天开始，不妨试着用更多的时间和精力考虑以下问题：怎么与人沟通？如何服务你的客户？怎样提升营销技能？

Q2 如何经营自己的职业生涯

美国管理学者汤姆·皮得在说：“我们每个人都是‘自己’这家公司的首席执行官。”在商业化运作的家装公司里，我们最重要的工作就是树立自己的专业性，营造那个叫作“自己”的品牌。

也许有些设计师不以为然，最重要的工作不是签单吗？单子接不进来还不是白忙活，所以签单才是王道。这话不假，拿下单子固然重要，但签单后的服务工作才是我们营造个人品牌、扩大影响力的绝佳机会。遗憾的是，我们经常看到还有一些设计师存在重签单、轻服务的现象，在客户还未签单时，对客户是百般关怀、千般热情。而当客户签单之后，则失去了原先的热情与真诚，在日后的方案设计、施工协调和跟踪服务中消极怠工，装修结束后主顾之间非但朋友没做成，还招来业主的投诉和指责，给公司、本人的整体形象都带来了负面影响。

人生没有白走的路，每一步都算数。设计师之所以能称为设计师，且在以后的职业生涯中能越走越好、越走越顺，很重要的一个原因就在于他的专业和对人、对事负责任、守信用的态度。

装修圈子就这么大，客户基于对你的信任才跟你签了合同，应本着“时光荏苒，始终如一”的诚心、耐心、贴心，为客户思考问题、解决问题。品牌是积累的结果，当你为客户提供了满意的服务时，你可能就积累了这么一个“粉丝”，千万不要低估客户的人脉力量，他向别人随口的推荐，都会比你所能做的任何其他类型的广告更有效地获得新业务。当你的粉丝越来越多，他们所带来的潜在客户就越来越多，一传十，十传百，这就是裂变的力量。

当今时代，学习资源丰富，掌握设计的技巧并不难，只要不断学习即可，对于设计师来说更需要做的就是让客户找到你，信任你的实力，愿意让你为他做有品质的设计。珍视每一次为客户服务的机会，从内心深处真正建立你的客户基础并重视这些客户，那么对你的推荐和口碑会自然而然出现，你就会享受到品牌带来的效益。

Q3 打造个人品牌

前面我们讲到了设计师塑造个人品牌的重要性，当今社会，设计师对自身进行品牌化经营是大势所趋，你在室内设计行业的名气直接左右着你的影响力。为什么有些设计大咖动辄收百万设计费，而普通设计师不收设计费还签单困难呢？或许你可以在上述观点中找到答案。那么，作为一名室内设计师，我们该如何打造个人品牌呢？

1. 设计名字

品牌的名字很重要，一个叫起来朗朗上口兼具趣味性及艺术性的名字可给别人留下深刻的印象。当然，为了便于搜索及优化，在取名时还要考虑名字的独特性；另外，品牌是你在信息社会的存在方式，作为一个具体的人，与品牌之间的稳定一致性决定了你在传播中的效能、力度和速度，一旦确定后就不得轻易改动，要数十年如一日去经营。

2. 设计形象

除了名字之外，再给自己设计一个独一无二的Logo（标志）吧，名字可能相似，但图形具有无边界的传播性，一个好的图形不管是从视觉的品牌传播，还是对内对外传达设计师的精神和文化理念，都有举足轻重的作用。Logo设计应做到简洁 、难忘 、永恒 、强大，兼容功能并与时俱进，要体现艺术美。

3. 渠道推销

如何让别人知道我们，除了亲力亲为地服务好每一个客户，获得客户的转介绍之外，一些主流网站和社交媒体对于品牌的塑造、推广都十分有用，朋友圈跟抖音就是目前较为推荐的自媒体营销媒介。

（1）朋友圈

互联网时代，朋友圈就是一个小媒体，它描绘的是自己最真实的生活，也代表了自己个人的气质。现实中，许多设计师都会利用朋友圈进行自我营销，但效果却大相径庭，什么原因？比较成功的朋友圈信息是用来展现设计师创作实力的，是把自己的设计理念融合在现实生活中传达出去，切记朋友圈不要只有广告，因为没有人喜欢看广告！那么利用朋友圈进行营销有哪些原则呢？

第一，创造价值。精心组织有价值的内容，让你的朋友圈信息有用、有趣、有价值，确保不会使人产生厌恶。减分的做法是广告群发，这样很容易导致被屏蔽或拉黑。

第二，打造立体形象。销售的本质是对人的信任，基于此，在朋友圈里真人要适当出镜，适当体现自己的生活，这样才能加深客户对你的理解与信任。

第三，发布内容。可以遵循以下比例：通识类内容30%（增强朋友圈的阅读性）、客户喜好类内容40%（增加粉丝的黏度）、专业知识类内容30%（树立设计师形象及广告推广）的原则。注意，不要刷屏，最好原创，不要发负能量的东西，能用贴近生活的软广告就不要发冷冰冰的硬广告。

第四，转化用户。及时关注朋友圈信息，通过私聊进一步提升用户的信任，加深认可度，促成最后的签单。同时，做好后续跟踪，进一步提升用户的好感度，锁定用户，获得更多转介绍。

（2）抖音

抖音平台提倡“记录美好生活”，推广上对各行业都进行了细分，基于此，室内设计师在抖音上的推广应采取受众用户喜闻乐见的形式来表现专业性。可以从下述几个方面入手：

专业知识方面。大多数人刷抖音都是茶余饭后的时光消遣，在面对非固定受众面的推广上，素材选取落脚点应以家装小知识分享为主，文案设计宜采用通俗易懂的非专业化语言。如“家里的基本尺寸你都记住了吗？3平方米阳台这样装才五脏俱全。公主房这样装住到出嫁也不嫌过时。”就是一些很好的素材，简短的几张图片或视频在解决具体问题、分享相关知识的同时，也从侧面体现出一个设计师的专业素养。这里要注意的是，图片跟视频一定要具备较高的质量，要带给人美的感受。

工作日常方面。寻找设计灵感、量房制图、客户回访等，体现设计师的辛苦与专业，得到客户认可，并体现高品质设计的必要性。

办公室趣事方面。记录一些健康、积极、正能量的办公室日常画面，向外传播设计师生活化的一面，对塑造设计师的立体形象、引起用户共鸣、拉近与用户的距离具有潜移默化的作用。

Q4 锤炼四种能力，强化心理武装

谈单过程中很多能力都很重要，但如果我们只能提炼四种能力，那会是什么呢？我认为修炼好以下四点即可强大内心，增强心理抵御值，会让你在以后的谈单过程中如鱼得水、事半功倍。

1. 自信

有人说人生是相信的结果，是期望的结果，是反复思考的结果。作为一名设计师，成功的前提是充分相信以自己的专业技能可以为客户带来良好的装修体验。换句话说，如果你连自己都不相信，谁又会去相信你呢？只有相信自己能够做好这个单子，才能有底气和勇气与客户谈判，遇到困难和挫折时才会越挫越勇、百折不挠，否则客户随便一个问题就能让你底气全无，不是吗？

如何才能成为一名自信的设计师呢？我认为最重要的还是专业技能的掌握。作为设计师，必须精通设计、材料、工艺、风水、预算等知识，所谓“艺高人胆大”，只要你技术过硬，底气自然就来了。此外，经常参加一些机构或协会组织的设计论坛、比赛，多与知名设计师交流，也是培养设计师自信的有效渠道；外在着装是你心灵深处的体现，干净利落的着装也可以为你“壮胆”，提升魅力值，这也不可小觑。

2. 抗挫

绝大多数设计师的谈单生涯都是从被客户拒绝开始的。选择家装设计师这一职业，就必须具备可以直面客户拒绝的心理素质。优秀家装设计师都是经过不断的失败、反思、总结、再来的反复历程，才能逐渐形成自己的谈单风格和经验，最后成长为签单能手。必须克服“害怕被拒绝”的心理，不可出师不利就打退堂鼓，更不可轻易放弃，否则你将与成功无缘。

设计师每天都要面对形形色色的人，回答各式各样的问题，甚至还会遇到一些刁钻古怪、胡搅蛮缠的客户，让你哭笑不得、骑虎难下，怎么办？

十二个字：心态上放平和，目标上不松动。不能指望每个人都按照你所认可的价值观来为人处世，面对客户，就要拿出你的耐心、恒心、细心为他服务，同时学会借力，尽最大可能消除他的疑虑，一般来说客户都会有所触动。当然，谈单能力是一个长期学习积累的过程，不要以一时的成败来论英雄，更不能将当下的签单与否作为评判你成功与否的标准。大事难事看担当，顺境逆境看襟度，客户有他的选择，不跟你签单也实属正常，面对失败、挫折时，更重要的是树立越挫越勇、甘之如饴的心态，总结经验，找出不足，择日再战。

那么，如何才能成为一名越挫越勇的“战士”呢？第一，相信自己，相信以自己的专业技能可以为客户带来良好的装修体验；第二，树立明确的目标，多研究、多分析，拿下这类客户。对于装修，客户再刁难也是外行人，只要认清他的本意，多方齐动，有时也不见得就多么难谈，怕的就是我们遇到一点困难就动摇了、放弃了，甚至看不到目标了。

3. 积极

“你必须得这么想”——松下先生自言自语说出的这句话传递了一个道理：首先得想，这很重要。

家装竞争日趋激烈，装饰公司之间有竞争，设计师之间也有竞争，如何快速提升自己的签单能力？不存在千篇一律的办法可教，但是想签单首先你要有强烈的签单愿望，积极看待这个事情。

如果你想拿下这些客户，变成签单王，普通对待或随便想想都是不够的，必须有积极、强烈的意愿，这一点非常重要。“如果我能拿下这单该多好啊”，这种淡然的、可有可无的、不迫切的渴望是没有效果的，必须是把签单这件事融入你的血液，你睡觉时想、睡醒了也想，一天24小时都在想，聚精会神、一心一意地想，这才是促使你成为签单王的内在动力。

稻盛和夫先生曾说："能力和努力程度几乎相同的人，有的成功了，有的失败了，他们的区别在哪里？不是运气和命运使然，而是他们所持的愿望在深度、高度、热度、大小程度上的差异。"所以，设计师们，请摒弃那些"很难啊""差不多""这就不错了"等保守心态，从今天起，积极、再积极地面对谈单，坚信自己一定能成为这个领域的王者，并为之付出不懈努力，这是达到目标的唯一方法。

4. 转化

成功格言特别强调："成功的人是因为相信才看见，一般人要看见才会相信。"什么意思呢？成功人士在未成功之前，脑中已经有清楚的画面呈现，而他们要做的只是现实与梦想二者之间的转化。

我们说谈单成功起始于设计师积极的心态和强烈的信念，那么紧随其后，设计师一定要在脑海里反复推敲实现成功谈单的具体方法，将实现签单的过程在头脑里进行模拟演练。就像下棋一样，谋篇布局、起承转合是最基本的方法，还需要纵横捭阖、左右逢源的章法，通过一次又一次的排练，理顺每个细节，一直到"看见"结果为止。

反复思考谈单过程中的每个细节，让它们在你的头脑里形成清晰的印象，直到闭上眼睛你都能够描述出签单的过程和情景，那么成功率将会得到极大提高。

Q5 学无止境，做一名学习型设计师

成为一名优秀的家装设计师不是一朝一夕的事情，其历程就如马拉松赛跑。最终赢得荣耀的人，除了天赋之外，更重要的是后天日复一日的练习。同理，室内设计师要成功，也如运动健儿一般，只靠天资是不够的，还需要后天持续的学习。

1. 学习专业知识，提升专业能力

专业技能是设计师接单、谈单的基础，其中软件又是基本功，如果你连软件都操作不好，那就没什么好说的了，但你会软件并不能代表你专业能力强，室内设计可不仅仅是软件操作这么简单，还有装修材料、施工工艺、装修预算、色彩搭配，甚至还包括心理学、营销学、关系学等方面的知识，你掌握的知识越多，反馈到设计、谈单中的自信也就越多，况且家装行业日新月异，新风格、新材料、新工艺、新模式都对你的知识储备提出新挑战。所以，你需要学习的东西也会不断变化，一名优秀室内设计师是要不断学习的，不进步就会被淘汰。

2. 学习沟通技巧，提升谈单水平

目前，国内大多数家装公司普遍实行“设计师负责制”的经营管理模式，即客户的接洽、沟通、设计、施工等全程由某个设计师来负责，设计师薪资跟业务挂钩，签单越多收入越高，在公司地位也就越高，而单子谈不好，就会逐渐被边缘化。所以能否接到单、谈好单、签下单，对设计师来说意义重大。

如果说接单主要看公司的品牌和前期的业务水平，而接到单能否把单子谈下引导客户签单那就要看设计师的水平了。在这个过程中，谈单是签单的前提和基础。纵观家装设计师工作流程的5个阶段：前期与客户沟通—初步方案设计—深入方案设计—施工图设计（编制预算书）—施工，离不开设计师和客户的交流沟通，如何引导客户说出自己的真实想法，如何阐述自己的设计理念，怎样把自己和设计方案推销出去，都需要你“能说会道”。

提高沟通能力，无非两个方面：一是提高理解别人的能力，二是增加别人理解自己的可能性。我认为除了加强理论学习外，更重要的是多去实践，在实践中体会。

不要只和一个圈子里的人交往，你面对的人是形形色色的，那就扩大你的朋友圈，试着多交一些朋友。放下你的矜持跟胆怯，抓住一切机会跟他们打交道、聊天，了解他们的经历、思维习惯、兴趣爱好、性格特点。见多了你就会摸清各类人的特征，聊久了你才能说话得体。而这些都是你以后谈单过程中的资本，没有这些积累，谈单过程中难免笨手笨脚、跌跌撞撞，成功的可能性自然大大降低！

设计师必定是一个杂家，他并不一定精通每一门学科，但是涉猎领域越宽越好，多看看其他方面的书籍，如国学、历史、地理、法律等，为谈单积累一些素材，可少走很多弯路！

06 学习管理与能力提升

上一节我们说要励志做一名学习型设计师，向签单王看齐，努力提升自己的专业水平和业务水平。怎么提升呢？以计划的形式明确今天做什么、明天做什么、这周做什么、这个月做什么、今年达到什么样的目标，这本身是一件非常有意义的事情，但总有一些设计师计划是做了，在实施过程中因为这样或那样的原因没有坚持下来，无法踏实地完成相关任务，导致计划执行虎头蛇尾。什么原因？

设计师反馈工作太忙，总加班，甚至经常通宵，连一个合理的休息时间都不固定，能坚持下来就不容易了，谈何学习，如何提升。这话好像很有道理，但你需要反思的是什么原因让你在这种环境里还能坚持下去？不离开是因为生活压力所迫还是自身能力不足？我想后者原因可能居多。明明有更好的岗位、更好的选择，但你却因为见识不够、能力不足而没有选择权，沦为干活的机器，陷入了日复一日的循环，这才是最悲哀的。那么问题来了，既然学习这么重要，如何在有限的时间里实现高效学习？

我们每个人拥有的时间是一样的。有的人认为学习要有具体的时间，有的人则认为人生处处皆学问，学习无处不在。当别人在刷抖音、玩游戏、看肥皂剧、关心八卦时，他在利用这些所谓的碎片化时间学习；同样在酒店吃饭，他可能还在考虑包房的风格设计，想着换成是他会怎么设计？同样漫步街道，面对霓虹闪烁，他可能考虑如何进行特色营销？同样跟陌生人搭讪聊天，他会试着从谈话内容上分析不同的人有什么特点，如果他是我的客户，又应该如何应对？当你的认知面扩大以后，你就会用好奇的眼光看待周围的一切，也就是学习无处不在。

别老想着有什么捷径可以快速提升你的水平，更不要功利性地看待学习跟产出的关系，一个月的学习就让你从小白变总监，让你收入突增，这是不现实的。学习应该像盖房子一样，打好地基，从下往上盖才能坚如磐石，切勿舍本逐末。坚持长期做一件没有反馈的事情确实很难，但大家应该坚信，对于设计师这一职业来说，只要我们放平心态，方法得当，坚持就一定会得到你所期待的结果。

Q7 压力应对及状态调整

家装设计师，无论你是新手小白还是资深从业者，看似光鲜亮丽的背后都有着诉不尽的压力与苦楚，工作千头万绪，按下葫芦浮起瓢，熬夜加班、无休止的改图是常态，有家不能回、有假不能休是日常……每天忙忙碌碌，到头来重要指标却不见起色。思来想去，跳出现在的环境或许成为解脱目前状态的最佳选择。

在家装界流传一句话："跳槽穷三月，转行穷半年。"人生总会有不如意的地方，总会有出现摩擦不开心的情况，仔细评估一下如果公司不是那么的不如意，下一个岗位也不见得就那么美好，建议你还是及时调整心态，排解工作压力，重整旗鼓。

首先，对自我进行评价。当你发现心态出现问题时，认真审查一下这段时间里你所经历的哪些人和事让你的心态发生了变化，使你耗尽了耐心、磨光了锐气。推荐一个很有用的办法，就是每周或每月对自己的工作进行复盘，认真总结这段时间里做了什么，获得了哪些褒奖与批评，下一步该怎么办，复盘目的在于让你及时查找问题，调整思路，总结提升。

其次，对自身进行调整。人有很强的自愈能力，对于抵抗压力和挫折每个人都有自己的一套办法。当局者迷、旁观者清，适时跳出行业去感受、领悟，这不失为一种很好的办法。比如当你目标缺失时，可以给自己的心灵放一个假，尝试阅读治愈类的书籍、出去看一看祖国的大好河山、追一下《超级演说家》《星空演讲》等，你可以在别人的故事里看到自己的影子，学会从不同的视角对自己所处的环境进行重新评价。

最后，重整旗鼓再出发。抛开之前的委屈和低落，当你用一种积极的心态去看待自己的工作时，你就会发觉自己的内在能量场强大许多，抗压应变的能力也因此大为增进，在设计、谈单中就能摆脱之前不景气的阴影，再创一片天空。

遇事不骄不躁、不卑不亢，这是设计师的基本修养，当你心力交瘁时，不要总想着跳槽，试着调整状态，放慢节奏，或许你就会找到一个不一样的自己。

Q8 外在形象与穿着打扮

外在形象是你迈向成功的第一步，人们对于人和事物的认知常常受视觉影响，他可以通过第一印象决定是否与你交往。家装设计师从事的是技术服务性行业，虽然提倡在穿着打扮上可以时尚、个性一些，但前提是要符合设计师的职业身份。

有些设计师喜欢留长发或剃光头，这些都没有问题，但一定要注意的是要跟自己的气质吻合。正常工作时间以带领的长衣长裤搭配为佳，见客户不宜打扮得过于花哨。女性设计师可以尝试化淡妆，增加自信心和气场；多准备几双鞋子随时更换，时刻让它保持洁净，即使从工地回来也要及时处理干净。很多设计师都喜欢一身黑色，我认为也不必强求，最重要的还是根据个人身材气质、风格特点等寻找符合自我定位的创意搭配。另外，也可以多观察那些与你体态、肤色差不多的设计大师的穿着打扮，也许会有一定启发。

Q9 念好两本“经书”

知己知彼方能百战不殆。要想谈好单，家装设计师必须要念好的两本“经书”：一是你的“产品”，二是你的“顾客”。

先来看“产品”，家装有其特殊性，前期它看不见摸不着，客户从一无所知到决定签单时面对的不过是一纸合同、工程预算报价、部分施工图纸等，整个过程基本都在臆测中进行。促使他与你签单的最大动力来源于日常沟通中对你的信任，而信任又是建立在对你专业性认知的基础上，所以作为设计师你必须要对你的“产品”特别了解。

一般来说，顾客对于家装的了解都不会很深入，当他前来咨询时，如果设计师能够做到“问一答十，甚至问一答二十，乃至三十”，这样就很容易引起客户对你的兴趣。反之，如果你只是机械式地回答或者沉默不语、瞎编乱造，那么顾客不但不会与你签单，还将怀疑公司的水平和你的品质。

再来看顾客，设计师要了解客户的消费心理、性格特点，客户来公司一定都有其目的性，在没有摸清客户需求之前的营销效率极低，因为你推销的不一定是客户想要的。换一种思路看问题，客户为什么会拒绝你，是因为他对你本人没兴趣？还是他本身不愿意做出妥协？或者是对你的方案不满意？如何调动他的“购买”欲望？设计师不妨带着这些问题来分析客户，可能结果就会不一样。

Q10 谈单五诫与后期总结

签单是一个系统工程，离不开设计师经验、技巧、理论的支持，谈单过程中设计师的言谈举止都有可能左右客户对你的信任，所以设计师要尽可能避免意外。以下梳理了设计师谈单过程中容易忽略的几点，应引起重视。

1. 言谈过于书面化

有些设计师，特别是刚毕业的年轻从业者，在谈单过程中习惯大量运用书面化、专业化的语言来介绍方案，爱讲大道理，殊不知这样做无形中增加了与客户心理上的距离，客户会认为书卷气太重，实践经验不足，对方案自然也就不会太信任。所以，设计师应努力积累社会认知和社会交往经验，增强自身感染力。

2. 讲话蛮横

面对层次水平、素质水平较低的客户，我们要保持十足的耐心，切记以服务顾客为本，不能因为客户的言行举止影响到自身的情绪输出，更不能动怒。相反，面对客户的一些低水平的表现，设计师更要显现出高超的涵养和素质，这是对一个设计师的基本要求。

3. 插话与反驳

谈单过程中，有些设计师特别喜欢就客户的不同观点进行纠正，不断插话反驳，导致整个谈话变成了设计师说服客户的过程。其实这是一种非常不礼貌的行为，随意插话反驳，除了逞一时的口舌之快，不会带来任何好处。于自己而言，你失去的是一个发现真正异议的机会，甚至失去客户；对客户来说，这更是一种不尊重人的表现，极易导致客户恼羞成怒而中断谈话。

4. 谈话无重点

谈话是一门艺术，言简意赅、切中要害、忌大话和空话是谈单过程中要遵循的原则。试想，设计师滔滔不绝讲了一堆，客户却不得要领，甚至对你的要求都无法判断时，你们接下来的沟通就会变得十分尴尬。所以，谈单时语言要简明，不要故弄玄虚，卖弄学问，要少谈及与主题无关的话题，自己不清楚的问题更要少谈起。

5. 言不由衷的恭维

谈单过程中，我们要勇于、善于赞美我们的客户，这对拉近关系、提升签单率很有帮助。但记住恭维要掌握分寸，不要弄巧成拙。不符合实际情况的恭维其实是一种讽刺，只会招致对方的不快，同时违心地迎合也有损自己的人格，适度得体的恭维应建立在坦诚相待、理解他人、鼓励他人、满足他人正常需要及为人际交往创造一种和谐气氛的基础上的行为，而不是为了签单而曲意逢迎。

谈单是一个系统工程，无论成功与否，设计师都需要分析原因、总结经验。交易成功后，我们需要总结是什么打动了客户？又是什么原因促使客户签单？如果客户最后没有签单，应该分析是什么原因导致客户跑单，具体可以从以下几个方面分析。

★ 谈单过程中我是否明确客户的需求是什么？

★ 谈单过程中我是否想尽办法将自己和公司的核心竞争力展现给客户？

★ 谈单过程中我是否站在客户的角度思考问题了？

★ 谈单过程中还有哪些细节是需要改进的？

★ 如果谈单不成功，那么失败的原因和症结在哪里？

人性解码（学会客户分析）

读懂顾客——学会察言观色

察言观色不是相面，更不是低三下四、阿谀奉承，而是受益与“客户是上帝”两者之间的桥梁。俗话说，进门有三相，一相进门的举止，判断其目的性；二相衣着、年龄，判断其职业；三相表情和说话的口气。在谈单过程中，掌握察言观色的技巧，把握共性，重视个性，将顾客的心理特征和你提供的设计方案、服务结合起来，对签单率的提升非常有帮助。

Q1 眼睛看相，从眼睛能看到什么（上）

美国著名短篇讽刺小说大师欧·亨利说过："人的眼睛都是探照灯！"可见，眼睛毫无疑问是人们心灵的密码，是感知世界的重要渠道。不管一个人用多么高超的技巧来隐藏自己的性格与内心，只要一看他的眼睛，就随时能窥视对方的内心秘密。因此，当我们想要了解对方的真实意图时，要把重心放在眼睛上。

1. 大眼睛VS小眼睛

大眼睛的人一般给人以敏锐感受、眼光长远、积极、易受影响、耳根软、易受骗、见异思迁的感觉。因此，针对这类人我们一般采取以下应对策略：

★ 热情相待、坦诚相交。

★ 注意细节，从小到大都做完善。

★ 多赞美。

小眼睛的人给人的一般感觉是迟钝、有原则、有忍耐力、谨慎、保守、疑心重、意志坚强、精打细算。针对此类人群的应对策略可以从以下几方面入手：

★ 给予一定时间让其自己判断思考。

★ 注重小节和理性说服。

★ 来往和钱物都要算清楚。

2. 眼光锐利VS迟钝

眼光锐利的人，在性格上往往体现出感觉敏锐、行动迅速、神经细腻、容易动情、容易激动、精明厉害的特征，针对这类人群我们的应对策略是：不要被强悍势头压倒，按部就班做事，以专业证明你的实力。

眼光迟钝的人，往往有沉默、有主见、谨慎不易受影响的性格特点，我们可以采取以下策略：

★ 以慢为快，注意条理性。

★ 凡事多次解释、提醒。

★ 多联系，多交往。

3. 眉眼宽VS窄

眉眼宽的人一般具有大方、热爱自由、善于交谈的特性，我们可以多与其正面接触，不委屈隐晦，多交谈，加深感情。这类人一般比较豪爽，比较看重面子，所以在谈单过程中要恰如其分地照顾到对方的情绪。

眉眼窄的人一般喜欢独来独往，他们做事更加细腻，注重细节，中规中矩。在谈单过程中，设计师应把握好平等相待，做实做细每一个环节。在装修风格塑造上，也要注意色彩搭配、家具配饰等不宜过于跳跃。

Q2 眼睛看相，从眼睛能看到什么（下）

眼睛虽然只是一个很小的器官，却起着非常大的作用。它不仅可以流露出一个人的情感，更可以泄露一个人的心理密码。对方眼神的变化可以反映其内心活动，有经验的设计师会从这些变化中捕捉到十分重要的信息，然后采取有针对性的销售策略。

如果你和对方在交谈，对方的视线根本就不曾注意到你，这种情况可以分为两个方面：一是他根本就不想理你，或者你所说的事情他一点都不感兴趣，这种情况一般是对方真的不喜欢你提出的话题，或者你谈论的话题跟对方一点关系都没有，对方也不需要在意你所说的是什么。二是对方性格比较主动，习惯于谈话过程中掌握主动权。

如果你跟对方交谈，对方的眼神比较专注，那么说明对方很专心地在听你讲话，可能你所讲的事情对方也一直在理解接受。这种情况也可以从两个方面来看：一是你讲述的东西确实是对方感兴趣的，对方也很乐意听；二是你所讲的对对方而言几乎没有什么用处，对方只是出于礼貌和尊重，并没有很粗鲁地打断你的讲话而已。这个时候就要看你的发挥了，要想一个好的办法适时结束谈话。

设计师第一次与客户交谈，如果对方视线不集中，首先应认为他的性格比较主动，这时不妨转变一下角色，试着做一个倾听者。如果你认为是对方不想理会你，并因此有了成见，那么你就犯了错误，你的情绪就完全被对方给左右了。

换言之，如果你想在第一次谈话中就给对方留下好印象，那么就应该在对方说话的时候专注视线，以表示你的自信和尊重。在和对方讨论问题时，你的眼神一定要专注，并且最好不要移动，这说明你的立场很坚定，你是不会轻易被说服的。

Q3 穿着看相，从穿着能看到什么

不同的个性对应不同的穿着打扮，有经验的设计师通过一个人的穿着就能基本判断出其个性与品格。

喜爱穿深色衣服的人通常不太爱说话，性格比较稳重，显得很有城府、老练，这类人一般遇事冷静，深谋远虑。因此，设计师在向这类客户介绍或讲解设计方案时就不要想着耍心机、弄手段，要中规中矩，从整体着手、细节深入，用真诚打动客户。

喜爱穿浅色系衣服的人比较理性，这类客户往往比较爱干净，甚至可能会有洁癖，与此类客户交谈时还要注意个人的言行。

喜爱穿鲜艳颜色衣服的人一般比较活泼，这类人较好说话，与此类客户沟通设计方案时相对较好沟通，只要方案可行，一般都能谈成。

经常穿五颜六色、款式独特衣服的人一般虚荣心比较强，爱成为别人注目的焦点，爱表现、张扬，喜欢别人附和与夸奖，设计师在与此类客户交谈时，时不时夸奖对方对促成谈单很有帮助。

除了这些，还有很多配饰打扮也是需要关注的细节，通常细节可以反映出人的性格。

Q4 年龄看相，从年龄能看到什么

不同年龄段的人们具有各自不同的物质需求和精神需要，反映在家装风格上也各不相同。

20～30岁人群更喜欢新鲜、时尚的流行元素，他们多倾向于鲜亮的色彩和与众不同的造型，装修房子主要用于结婚，属于刚性需求，但一般他们经济基础比较差，装修方案应经济实惠，同时还要照顾到时尚美感，现代风格、混搭风格比较容易被接受。他们的理财意识不强，对装修过程中的复杂事物耐心不够，所以对于一些配套服务会更容易接受。重点是预算必须是他们能够接受的，至少让他们有能力承担。

30～40岁人群多数属于奋斗一族，在经济上可能有了一定的积累，但维持生计、抚养子女、赡养老人、工作等压力依然很大。质量好吗？价格便宜吗？是大牌吗？环保吗？这些是这类人群在装修时较为关心的问题，这也体现出他们对性价比的关注，因此，在设计中经济要素依然是第一位的，家庭温馨的感觉次之，孩子教育也要格外注意到。这个阶段的男性客户更渴望下班后能有一个放松心情的家庭环境，女性客户对品质生活追求日趋强烈，但忙碌的生活节奏让他们没有更多的精力放到跑市场、买材料、订柜体、监督施工装修等耗时费力的工程上，因此，全包类家庭装修方案他们更容易接受。

40～50岁人群经历了拼搏奋斗和岁月洗礼，大多数人已经拥有了稳定的生活，家庭和事业均处于平稳上升的阶段，心态也已经渐渐从张扬奔放转化为内敛平实，理性渐多、感性依然并存是这个阶段人群的典型特征。装修时，家庭品位逐渐取代经济支出，成为家装考虑的第一要素。他们对装修的要求更多的是舒适、惬意，从而既有品质又显品位。在装修风格上，不再追求标新立异，更看重家居中所凝聚的文化气息和历史沉淀。一般只要是凝聚了设计师的心血，又有足够的文化内涵，就都会被纳入这类人群的考虑范围。

50～60岁人群经过了半个世纪的沉淀，社会阅历丰富，经济实力较强，相对来说，他们时间较为充裕，会跟设计师沟通很多，对于设计师的合理化建议也更容易接受。在装修投入上，由于这一年龄段的不少人可能已是终极置业，所以在风格定位、材质选择、装修预算上一般都会投入较大的财力和精力。在装修风格上，他们强调文化韵味，追求修身养性的生活境界，成熟、大气、稳重、华丽的家装风格往往成为他们的首选。从实用主义的角度来看，还要考虑储物的需求；另外，还要考虑到这一年龄段人群子女都已成家，所以他们特别希望与子女团聚，以享受天伦之乐，因此，对客厅、餐厅的家庭聚会功能考虑得会比较多。

60岁已经到了退休的年龄，这类人群开始步入老年生活，装修更突出实用主义。另外，由于这一年龄段人群的生理、心理特点，对于他们的家居装修，不仅要满足实用需求，更重要的是要适应其身心特点。设计师在装修时，就必须要了解这些变化。

Q5 如何判断客户的经济能力

设计师想要签单，一个重要的问题，就是要在装修造价上与客户的实际支付能力形成默契。如果不了解客户的实际支付能力，做出来的家装预算要么超出客户实际支付能力太多，要么就是不能满足客户对家装档次的要求。要想做好预算，就必须要对客户的经济能力做出准确分析。

客户不会告诉你他的家底有多少，只能靠设计师从点滴的接触中去观察分析，一般来说，从以下六个方面着手。

第一，从房子本身分析。看客户房屋的地段、面积、户型、价格，房子的形制是洋房、高层还是别墅等，这些因素都非常关键。经济能力不足的客户，一般不会在市中心黄金地段买房或者所购买的房子面积不会很大。

第二，从客户买房的付款方式分析。客户买房是一次性付款还是借款买房，或者是贷款买房，掌握这方面的信息，再进行进一步的经济能力分析。

第三，从客户的职业属性分析。客户从事什么工作，上班族、企业老板、个体经营户还是公职人员等，不同群体的经济能力不同，反映在对家装的支付能力上也就大不一样。

第四，从衣着和交通工具分析。一般情况下，客户的衣着及他所乘坐的交通工具与他的经济实力是相匹配的。除此之外，客户身上的一些小的配饰也可以反映出其消费理念和经济实力。戴着钻石美玉的人一般经济实力都不会差，他们也很舍得消费。

第五，从客户的业余活动分析。在跟客户聊天中不妨试着问一下“您喜欢什么业余活动”这个问题。因为业余活动也有等级之分，有人喜欢打高尔夫球，有人喜欢郊游，有人喜欢宅在家里，只要对方诚实回答，其经济状况也可大抵掌握，因为客户的购买力与其业余活动是紧密相关的。

第六，从客户的日常消费分析。客户用什么样的手机，抽什么品牌的香烟，喝哪种茶，佩戴什么品牌的眼镜、手表等，这些也可以作为判断客户经济能力的参考因素。

Q6 如何调动客户的支付意愿

通过前面的分析，我们可以得出客户的经济能力，但这还不能成为设计师做预算的直接依据，经济实力强并不代表他就愿意花更多的钱来装修，预算做得过高他也不能接受。支付意愿是客户主观上愿意为此支付多少费用，所以在了解客户的经济能力后，我们还要充分调动客户的支付意愿。

对客户来说，经济能力与预算相当是最佳的状态，当预算超过经济能力不多时，如果你的方案还足以打动客户，他也会争取去实现自己的这个想法。因此，当客户因为你的预算比别人多了一点而没在你这里签单时，你首先要考虑的是是否充分调动了客户的支付意愿。

在与客户沟通中，有的设计师会根据客户的痛点或者其最关注的点，用极富煽动性的语言和情感，通过讲解方案或者讲故事的方式制造一个能让客户产生足够兴趣的点，为客户描绘了一幅未来美好家居生活画卷，说到动情处，客户的脸上洋溢出欢欣的笑容。如果你在沟通时能达到这种效果，客户还能因为一点差价不和你签单吗？为客户营造美好的家居环境，提高他对家的期望值，当他内心的渴望达到一定高度时，就会提升自己的支付意愿。

设计师可以尝试从以下几个方面去做：

★ 家人在居住过程中都能心情愉快，温馨舒适。

★ 装修有品位，朋友们肯定会交口称赞。

★ 对孩子的教育成长更有利。

★ 最大程度利用了空间，实现了更多的功能。

★ 装修质量有保障，服务有温度。

Q7 慧眼识人——察言观色做销售

装修不易，做设计师更难。要想提升业绩、拿到订单，就必须跟形形色色的人打交道，从客户真真假假、虚虚实实的信息中抓住有用信息。想要知道客户的真实想法，就一定要了解其心理变化。丰富的表情是客户心理活动的一面镜子，只要善于琢磨，我们就可以从这面镜子中看到签单的希望。

★ 第一种，僵硬型表情

在谈单过程中，如果你所说的话让客户面无表情，这往往是充满憎恶与敌意的表现。这时你一定要回过头来想一下自己是否让客户内心产生不快，理应道歉或及时转移话题。

★ 第二种，厌烦型表情

在与客户交谈中，当对方有叹气、伸懒腰、打呵欠、东张西望、看时间、表情无奈等动作时，你就应该注意了，你们当前的谈话内容客户已经厌倦了，及时转移话题或者结束谈话是上策。

★第三种，焦虑型表情

谈单过程中，若厌烦型顾客没有得到应有理解，烦躁的情绪就会不断累加，很可能上升为焦虑。具体表现为手指不断敲打桌面、双手互捏、小腿抖动、坐立难安等小动作。在面对客户这样的情绪时，设计师应该放弃讲述，试着与客户进行沟通，找出他焦虑的原因，并及时为他解决问题，消除焦虑情绪。

★第四种，兴奋型表情

当我们与客户交流过程中，客户表现出瞳孔放大、面颊泛红、搓手、目不转睛看着你时。这是一个好的迹象，说明客户对你所描述的事物具有很大的兴趣，设计师可以在此基础上进一步引导客户，及时促成签单。

察言观色、看人说话，强调的是对不同的客户采取不同的方式，在心里，你可以对顾客进行类型上的划分，你可以区别对待，但绝不能存在歧视，否则丢失客户、影响口碑等负面影响就会随之而来。每一位顾客进店都是有目的的，或是顾客，或是购买的参与者，或是信息搜寻者，每一位都值得重视。

Q8 谈单过程中如何把握节奏

设计师与客户现场沟通和交流的过程，实际上是一次买卖双方的博弈。如何控制好整场交流的节奏，对设计师能否顺利签单至关重要。

一般来说，设计师和客户每次沟通、交流尽量控制在60～90分钟，超过这个时间，就会显得比较拧巴，所以谈单成败与否很多时候就在于设计师对这60～90分钟的节奏把控。

咨询谈单的过程好比行文，也可以分为“审题”“谋篇布局”“点睛”几部分。

审题部分。这个过程以客户陈述为主，在这期间设计师应多角度感受客户在装修方面最关心的话题以及关注点，为下一步谈单找到切入话题。同时，试探性进行提问，最快地进行信息收集和逻辑推导，对这个单子的总价的承受范围，达到这个总价的必要条件，是工艺还是材料，又或者是风格。为了提高签单的成功率，最好要选定一个在必要时可以放弃的条件。谈单本质上是一种谈判，谈判双方一定要互为取舍，这样才能让客户感觉自己对整个谈判是可把控的，自己利益还是在安全的范围。

谋篇布局部分。设计师在这个时间段内应快速制定家装初步方案，通过具有说服力的观点、案例，将最佳工艺、环保材料、风格营造的观点一一为客户阐述，为客户制造兴奋点。比如风格论据上通过玄关、客厅、餐厅、书房、卧室的形制打造，不断给客户营造美好家居环境，双方达成共识，要善于引导客户。切记在这个阶段不提倡让客户交纳定金，否则效果适得其反，容易引发客户的警惕与反感。

点睛部分。在经过谋篇布局部分的高潮，当客户产生了购买意向后，设计师就要在引导部分逐渐往回收，把握时机，迅速引导客户做出决定，及时下单成交。这一阶段主要任务是阐述让客户当场购买的必要性。那怎么阐述呢？可以做如下尝试："今天这个也是一个初步的方案，还有一些问题是要上门量房以后才能确定的。巧得很，今天呢是我们店感恩回馈周的最后一天，老板亲自签售，交定金即可享受装修超值折扣、装修主材升级等多项优惠，真的是一年中最大的力度了，我建议您抓住这个机会。"

当然，设计师能否熟练控制谈单节奏，跟所具备的各类知识储备有关，要快速进行信息收集、逻辑推理、设计初稿准备等，需要设计师终身不断学习。其次，设计师还要以对方能理解的表达方式与其沟通，有些设计师在谈单中全程使用专业术语，不要忘了，客户不是行业专家，你说再多除了证明你专业，其他等于零，所以说恰当就好。

Q9 谈单过程中如何掌控语速、语调

很多设计师在介绍公司及方案时整个环节四平八稳，就像专业客服人员一样，殊不知这对于设计行业来讲，不是很适用。这种方式也很难引起客户的共鸣和信赖，所以说谈判中掌控好语速、语调也是一门非常重要的学问。

优秀的设计师，他们在跟客户谈单中会刻意模仿消费者的动作和语速语调。对方的节奏快、语速很快，他们说话的语速也就变得很快；对方是个说话很慢的人，他们的语速就变得很慢；如果对方是个语速适中的人，他们的语速也就变得适中。

设计师在面对感情冲动型客户时谈话的语速要快，因为这类人群一般都是急性子；面对沉着稳健型客户时语速就要慢下来，因为他们更喜欢沉着冷静型的设计师。客户不是行家，他听不懂你所谓的工艺术语，所以当给客户介绍施工工艺时语速要加快；报价涉及客户的经济支出，如果你讲

得很快，无形中会增加客户的戒备心，此时语速就要慢下来。

作为设计师，谈单时应注意以下五点：

★ 第一，发音一定要标准，吐字一定要清晰。语言表达能力、普通话的流利和标准程度，都会直接影响你的感染力。

★ 第二，声音要洪亮。洪亮的声音能带动客户与你的情绪产生共鸣，增加客户对你的信任。

★ 第三，语言要流畅。流畅的语言可以增加自信心，同时也可获得别人的好感与信任，证明你的专业功底。

★ 第四，讲话高低、轻重有讲究。在与客户接触的过程中，要学会控制语调，尽量做到不说则已，要说就要说得有理有据。

★ 第五，注意适时停顿。在跟客户交流中，设计师要注意适当的停顿，目的是给对方一个思考的空间，让其理解，也是给对方一个表达想法的机会。

Q10 不要表现得比你的客户更聪明

小陈是非常优秀的室内设计师，毕业于著名高校室内设计专业，热情、阳光，专业能力没得说，总是能做出令人惊艳的设计方案，但每个月公司的业务量排名小陈却总是垫底，这是为什么呢?

我们持续跟踪，对他的谈单过程进行了详细的分析研究，发现小陈在和客户交流中积极仔细回答客户的问题，但他总是习惯性占据主导地位，多次打断客户说话。有时候客户描述装修时存在专业知识上的偏差，小陈也毫不客气地打断，当面指出对方的错误。一番交谈过后，客户的脸色已经很难看了，小陈还是很卖力地向客户介绍自己的设计方案、描述自己的设计思路，最终谈单的效果可想而知。

那么，小陈为什么会出现这样的情况呢?无非是他存在以下几点认知上的偏差：

★ 想急切地向客户表达：我懂你。

★ 我是内行、装修专家，客户是外行、用户。

★ 我是设计者，客户是使用者。

其实这是很多设计师常见的一种心态，简单概括就是：我懂，你不懂。

但是事实果真如此吗？

首先，着急去表达、评价，甚至着急去给建议，其实我们连听都没听懂客户真正想要表达的是什么，就无法探求客户内心对设计的真正需求。

其次，我们究竟在慌什么？等客户说完再反馈也不迟。客户在表达设计需求的时候总是被打断，会觉得自己没有得到应有的尊重。因为一点无伤大雅的小问题，被毫不留情地当面指出错误更会引起客户的难堪。

试想一下，谈单过程中你是否也存在这样的问题呢？跟客户沟通时经常说“嗯，好的，明白了”，但自己是否真的明白客户的真实想法和内在需求呢？客户了解自己的生活习惯，真正的问题和需求只有他自己最清楚，作为设计师要做的是引导客户说出需求，而不是去打断他。

心理上注重、行动上尊重我们的客户。在发掘客户需求的同时，耐心倾听，给客户展示自我的机会，让客户得到认同感才是保证双方和谐相处的最佳途径。除此之外，设计师还可以向客户请教问题，然后赞扬客户讲得好、做得好。这样的认同比单纯语言上的肯定和赞赏更能激发客户的表达，让他感到开心，更容易让其喜欢我们和我们的设计。

“聪明反被聪明误”，总自以为聪明的人，往往是问题最大的那一个。急于表现自己的机灵与聪明，未必是好事，认真倾听，不懂就问，才是聪明人的选择。

对“症”下药（学会精准施策）

设计师接触的客户越多，客户量越大，碰到的客户类型就越多。不同的客户性格不同，看待事物的观点也不同，对待家装的看法也会大有不同。面对这些不同性格类型的客户，设计师也要采取不同的应对技巧，和客户快速建立起良好的关系，才能促成签单。但面对不同性格类型的客户，你要如何对“症”下药？

Q1 如何应对感情冲动型客户

感情冲动型客户一般具有性子急、心直口快、心浮气躁、善变的性格特点，易受别人影响，这类人群很多时候甚至忘记了“货比三家”“讨价还价”，只要看着价格合适、设计满意，短时间内就会做出签单决定。

针对冲动型客户，设计师要平心静气地判断其心理反应，按其需求、顺其心意，多说一些客户想了解的话，但也要避免“言多必失”。

冲动型客户在某个时间段内签单的意愿非常强烈，过了这个时期热情劲就会大打折扣，所以设计师要注意控制交流的节奏，注意语言明快，避免唠叨，争取在有限的时间内把自身的优势和能带来的好处传递给他，速战速决，当客户表现出购买欲望时，坚决果断地促进成交。

当拿不下此类客户时，设计师也要应对得体，以免他过激的言辞影响其他客户。

Q2 如何应对沉着稳健型客户

沉着稳健型客户具有深思熟虑、沉着冷静以及考虑问题小心求证、全面深入、不容易被言辞说服的特点。他们通常对装修本身及市场行情有一定的了解，针对不同观点，他们会积极地提出个人看法，主见性非常强。

针对此类客户，以平常之心，坦诚直率的交流是最有效的办法。

设计师可以通过举例、分析、比较的方式，将自身在设计、工艺、质量、服务方面的优势直观地展现给对方，让其全方位地了解选择我们的理由所在。在这里，尤其要注意的是一切说明都要有理有据，不可操之过急、夸大其词，要多方面分析，层层推进才是最好的办法，给出的承诺一定要做到。

Q3 如何应对优柔寡断型客户

优柔寡断型客户说话时视线不断移动，神情飘忽不定，难以捉摸，买东西总是会考虑这考虑那，喜欢找一些不太重要的细节反复洽谈，为自己下决定拖延时间。即使他对公司和你彻底了解，对装修方案也已产生兴趣，也会仍拿不定主意是不是签订合同。装修成中式还是欧式，采用什么样的主材，这些他总会犹豫不决。但是这种性格的客户也最容易受别人看法的影响。

作为设计师，在接待此类客户时，耐心就显得尤为重要，可以从以下几个方面帮他们做出抉择：

★ 在不伤害他自尊心的前提下，以装修专家的姿态、从朋友的角度为他做出选择。可以尝试用以下语句交流：如果是我我会选择……你的眼光真不错，要是我，我也选择这个。

★ 适当逼单，为他确定购买的最后期限。只要在××期限签单就能获得价格折扣等一些对对方有利的优惠条件，让客户在心理上有一种期限购买的印象。

★ 提出邀请他的家人、朋友来帮忙做出决定。

值得注意的是，在接待这类性格客户时，设计师一定要表现出坚决、自信的态度，当发现客户有购买欲望时，就要抓住机会，坚决采取行动，使客户做出决定。

Q4 如何应对沉默寡言型客户

在谈单过程中，可能会遇到这样的客户，不管我们怎么努力，他们总会对你所做的推荐反应很冷淡，从不轻易发表自己的看法，出言谨小慎微，“随便看看”更是他们的口头语。面对这种情况，遇到这样沉默寡言型的客户，设计师应该如何应对？

客户不开口，你不知道他在想什么，就很难知道他内心的需求，拿下客户更无从谈起，因此，找到其沉默的原因尤为关键。

这类客户可能事先对装修行业有一定的了解，对家装风格也有一定的偏好，缘于个人性格比较内向或缺乏自信等，多采取寡言观察的方法来选产品、挑服务。设计师在面对此类客户时：一忌急于求成，喋喋不休；二忌没有耐心，冷淡以对。三分钟的热情感染不了这类客户，只顾着介绍方案，这样不会让客户对你产生好感。换个思路，抱着诚恳、亲切的态度，试着了解他的工作、家庭、喜好等情况，找些闲谈的话题拉近关系，舒缓你们之间的尴尬氛围后，才能进一步了解他内心的真实需求。

针对此类人群，设计师要主动解答他们想问的问题，可以尝试着变换交流方式，多采用判断题、选择题的方式引导他们做出回答，尽量少用或不用问答的形式。另外要注意的是，千万不可逼他们做决定，要充分体现你的耐心与诚意。

Q5 如何应对多疑谨慎型客户

“你说的这些东西能实现吗？我怎么觉得这么不靠谱，不会是忽悠我吧？”在谈单的过程中，我们经常遇见这样的客户，即使设计师满脸微笑地讲了半天还是无动于衷。他们一般不会轻易相信设计师的话。他们对你的言谈举止都抱着一种不信任的态度，甚至还会时不时上下打量或盯着你，有意拒你于千里之外，这类客户属于多疑谨慎型。

他们之所以会多疑，一般有两种原因：一是之前的购物可能有过上当受骗，这让他们对销售员和产品有所芥蒂，在进行家装时对设计师就会心存戒心；二是这类客户是标准的理性主义者，在他们的思维中，家庭装修作为家庭支出中的重要部分，必须要对设计、工艺、材料、服务、价格等各个方面进行全面了解，只有这样才会签订合同。

应对多疑谨慎型客户，设计师可以尝试着以亲切坦诚的态度去满足客户的兴趣，围绕其最关心的话题交谈，彼此建立信任后，将话题引到家装方案上来，以朋友的身份和语气与客户沟通，能使客户放下戒心。

设计师不能利诱这类客户，应该更尊重他们的情感，可通过聊天式的回答，了解他们的疑虑和意见；针对客户提出的质疑，设计师可以适当表示对客户观点或意见的认可，甚至可以主动承认自身存在的一些问题，当然你所说的这些问题应无伤大雅，不会对签单造成负面影响。比如：“我们的施工质量虽然是一流的，但在施工进度上还稍显缓慢，这是我们需要改进的地方。”

针对此类客户的疑虑，设计师最好能够拿出一些确实的证据证明所言不虚，不妨试着给客户讲一些装修的实际案例，也只有真人真事才更能打动人心，使人信服。

签单心法（快速签单能量密码）

每个室内设计师都迫切想要实现快速签单，但是怎样快速引导客户签单？如何缩短签单周期、提高签单成功率及签单量？这些都是大家非常头痛的问题。

设计师成功签单是有步骤和方法的，是可以学习和掌握的。每当在接单过程中遇到困难的时候，自己应该审视在哪一个环节、哪一个步骤上出了问题，修正后，问题也就迎刃而解了。

Q1 首次跟客户见面有哪些注意事项

在第一次与客户洽谈中，主要任务应当是引起客户注意、吸引客户兴趣、激发客户签单欲望，所以在这个过程中，应当多倾听客户的想法，讲一些能够吸引客户注意的事情或者设计一些问题来引起客户的注意和兴趣，通过问题引导客户多谈一些自己的喜好、生活方式和对房屋设计的看法，尽可能向客户提供有价值的信息。多数客户并非专业设计人员，设计师可以就其中的某一点，挖掘方案亮点，让客户满意。根据客户表达的想法，结合你对房型的全面了解及专业知识，提出独到的见解，这样很容易让客户产生信赖感。

注意，言多必失，首次见面时不应该说过多的设计方案。我们有所保留，客户才可能有所期待。若客户要求给出具体的设计方案，我们应该真诚地告诉客户："对不起，××先生（女士），就您的美好家居，我想结合您的想法、咱们房屋的实际状况和我的专业为您量身定制温暖舒适、节能环保的设计方案。本着对您负责任的态度，我需要上门为您量房，然后给我几天的时间来构思和设计，您看可以吗？”这个时候，首次交流方案的时间应该就要结束了，但一定要告诉客户下次讨论方案的时间。如果此次沟通效果比较好，取得了客户的充分信任，最好能够收取意向定金，和客户约定量房的时间，尽快设计出设计方案。若客户没有交纳定金，也不要气馁，及时跟踪，防止跑单。

Q2 新手设计师跟客户沟通时太紧张怎么办

不少新手设计师经常会在跟客户沟通时感到紧张。究其原因，一是刚刚走上工作岗位，经验不足；二是过于关注结果，所以就会产生压力。被客户拒绝后，就会有更多心理压力，不敢面对新客户，接近客户就更加不自然。

为了缓解紧张的情绪，拉近与客户的关系，在沟通过程中可以借用肢体动作。

1. 善用介绍动作

可以引导客户观看公司的施工工艺展示墙，替客户打开柜门、拿取样品展示材料、请顾客使用体验等，创造沟通机会。

2. 递水动作拉近关系

通过递水，顺便拉近与客户的沟通距离。

3. 展示动作吸引客户

善于收集整理平时的各种设计案例，利用纸质画册、电子产品等向客户展示不同设计方案，吸引客户。

例：“这个新中式风格的设计方案喜欢吗？这个衣帽间的设计布局方案感觉怎么样？”

4. 主动坦白

沟通时说错话或者紧张时用词不当，主动告知对方，适当的时候可以自嘲一下，缓解紧张的谈话气氛。

例：“您看，我太激动了，真不好意思。”

无论何种方式，一定要自然大方，不要太过突兀，要自信。

Q3 设计师谈单必备资料备忘录

设计师谈单必备资料备忘录		
客户关心的内容	设计师需要准备的资料	可以解决的问题
这家公司是否正规？这个设计师水平怎么样？	公司简介及个人名片	印证公司实力、介绍自己
	公司营业执照、税务登记、行业资质等	展示公司资质和员工素质水平
	公司业务、设计、施工、监理等各团队介绍	增强客户信心，提供客户优选服务
	企业优势介绍	针对客户对比心理，消除客户担忧
	订单、成功案例、作品集、网络宣传介绍等	证明设计师专业水平
公司流程什么样？	公司业务流程介绍表	介绍流程
	设计权益保障书	明确客户交纳定金后可获得的权益
报价是否有水分？	常规报价单	体现公司正规，消除报价担忧
	公司设计服务模式及收费标准	方便客户选择设计标准，更具说服力

续表

设计师谈单必备资料备忘录		
客户关心的内容	**设计师需要准备的资料**	**可以解决的问题**
材料怎么样？施工质量如何？管理是否规范？	材料清单保障书	标注材料型号、规格、代码等
	公司辅料用材的权威机构检验报告	证明材料的品牌和环保性，打消顾客顾虑
	工程验收标准	
	质量标准、行业质量标准	体现公司规范，让客户对工程质量放心
	工艺细节介绍	体现公司独特细节
	工程管理流程	强调公司工程规范管理
	行业权威媒体报道新闻，尤其是关于装修污染、施工队施工缺陷	形成对比，提高说服力
售后服务怎么样？	施工合同范本	方便客户了解合同内容
	售后服务保障	保证无后顾之忧
其他	公司附加增值服务（银行装修分期付款相关政策等）	为客户提供尽善尽美的服务
	洽谈备忘录	提醒和查阅未尽事宜

Q4 为何说客户找我签单的理由只有一个，那就是信任

谈单的过程，其实就是一个建立专业形象进而赢得客户信任的过程。建立信任是整个谈单销售过程中都要做的事情。

作为设计师，应当时刻具有双赢的销售思维，时刻为客户着想，并在为客户争取利益的同时达成自身的利益。让客户收到你对他的关心和帮助，增加对你的信任。有了信任，客户才可能放心地把自己的新家交到你手上。

前面的案例里我们提起过，信任包括对设计师专业能力的信任和对设计师本人及公司的信任。具体来说有以下几点：

一是客户对设计师所在公司是否信任。品牌和知名度、公司特色、报价高低、施工质量和管理水平等方面是否可靠。

二是客户对设计师是否信任。设计师的个人品质、专业能力是否值得信任。

与客户进行第一次面对面沟通时，他对你并不信任，并且充满疑问，在他心中，你可能只是在销售设计和服务或者想要赚他口袋里的钱，客户对你是有戒备的。

你在沟通和交流中的诚实、坦率、亲和力与专业自信心，将一步步树立起你在客户心中的良好形象，直到他开始认可你、信任你，承认你是在用专业帮助他们解决装修问题，有能力帮助他们实现满意的居住环境，你也就能很快和客户签单了。

和客户沟通的时候，必须认真考虑：第一，我们到底能为客户提供什么？第二，我们怎么样才能给客户带来更多的益处？第三，我们怎么做才是真正为客户考虑？

只有清楚自己到底在做什么、怎么样才能帮助我们的客户、怎么样才能为我们的客户们提供有价值的东西，才会被更多人认可与信赖。

Q5 如何获取客户的信任

想要树立起你在客户心中的良好形象，取得客户的信任，谈单过程中务必注意以下几个事项：

★ 要公正客观，不要评判别人的设计或者质量不好。

★ 不要着急讲自己的设计方案，可以先讲装修方面的知识以及室内空气质量检测的标准等。

★ 讲技术、讲专业、讲装修常识。

★ 问顾客在哪里工作、哪个小区，试试能不能找到共同认识的人或者找到同小区甚至同户型的案例。

★ 艺术性地询问客户信息，并掌握好时间节奏。不要连续询问三个以上问题，以免引起客户的反感；否则容易让客户感觉压力和受到控制，使其产生逆反心理。

★ 可以突出企业实力和服务，用科学和证据说话，用大量的实践案例进行展示。

★ 请客户看营业执照、以往的设计作品、各种荣誉证书等。

A1 情景再现：实话实说、换位思考，赢取客户最终信任

设计师：王先生，现在就把定金交了吧。

王先生：（表情紧张，稍稍停顿）嗯，我再想想，这价格方面还是有点高，能不能再便宜一点啊？

设计师：装修最重要的是质量，装的就是安全放心。市面上的确有低于这个价位还能达到这种装修效果的，但是您想一想，低价意味着什么？意味着品质没有保障。您看新闻上有多少装新房品质没保障导致后果严重的，还是选择大品牌比较好，您觉得呢？

王先生：是这么回事，我还是等几天便宜点再说吧。

设计师：王先生，今天刚好是我们公司消费者感恩回馈周的最后一天，前10名客户享受装修超值折扣，您看现在已有8名客户交定金了，如果您还犹豫，恐怕一会儿就没有这样的优惠价了。何况前10名客户可免费升级欧标材料呢，机不可失，要早下决定。

王先生：呵呵，不急，不急，我再考虑考虑。

设计师：（开玩笑说）王先生，您是不是不信任我啊？

王先生：是啊，你们设计师就是能说会道。

设计师：哈哈，王先生，我能理解您的心情，不信任也是正常的，毕竟装修这么大的事，肯定是要充分考虑的，我出去买东西不太喜欢听销售人员介绍，想自己选择。可实话跟您说，现在的家装市场竞争很激烈，为了承揽工程而降价的本质并非让利，而是在施工过程中使用质量较差的材料和工艺，这是我们作为“××市家装十佳企业”的公司不屑做的。我们宁可为价格解释一阵子，也不想因为质量问题让客户后悔一辈子。另外，我也可以负责任地跟您说，消费者感恩回馈周期间每天的前10名客户设计师只核算工作量，没有提成，所以我完全是为您着想。王先生，您看现在又有一个客户在交定金了，名额真是不多了，可要尽快做决定啊！

王先生：听你这样一说，那就交定金吧！

★点评：解决优柔寡断型客户的办法就是要给其一种“现在不买马上就没有”的危机感，适当采取饥饿营销法；解决客户不信任的最好办法就是实话实说，同时也要学会换位思考，揣摩客户的心理，多用一些“我明白、我理解”之类的词语，消除双方的陌生感。

Q6 问题导向，利用提问了解客户需求

经过前期沟通，客户对我们建立了初步的信赖感。这个时候，要通过提问来挖掘客户具体的需求以及对装修的想法。只有了解了客户需求，采用合适的策略，充分满足客户需求，才能争取到客户。

作为室内设计师，要了解客户装修需要解决的问题：客户从过去的旧房搬到现在的新房？客户过去没有购房，现在是他的首套房？自己住还是孩子结婚用？家里几口人？喜欢什么样的装修风格？小孩有没有上学？是否需要在家办公？有什么饮食习惯？只有把问题找准了，才能真正替客户着想，帮助其找到真正的需求，并且更好地为他们做出设计方案。

很多需求都需要我们用大量的提问才能了解和挖掘。所以说，一个优秀的设计师会用80%的时间提问和倾听，只用20%的时间讲解设计方案和解答客户问题。下面一个经典案例可以让你清楚什么才是谈单，什么才是营销高手，如何引导客户诉说真实需求。

一位老太太去买菜，路过四个水果摊。四家卖的苹果相近，但老太太并没有在先路过的第一家和第二家买苹果，而是在第三家买了一斤苹果，更奇怪的是在第四家又买了两斤苹果和三斤橘子。我们来看看究竟吧！

摊主一

老太太去买菜，路过水果摊，看到卖苹果的摊主，就问道："苹果怎么样啊？"

摊主回答："我的苹果特别好吃，又大又甜！"

老太太摇摇头走开了。（只讲产品卖点，不探求需求，都是无效介绍，做不了单）

摊主二

老太太又到一个摊位，问道："你的苹果什么口味的？"

摊主措手不及，说道："早上刚到的货，没来得及尝，看这红润的表皮应该很甜。"

老太太二话没说扭头就走了。（对产品的了解一定是亲自体验得来的，亲自体验感受出的才是卖点。只限于培训听到的知识，应对不了客户）

摊主三

旁边的摊主见状问道："老太太，您要什么苹果？我这里种类很全！"

老太太："我想买酸一点的苹果。"

摊主："我这种苹果口感比较酸，请问您要多少斤？"

老太太："那就来一斤吧。"（客户需求把握了，但需求背后的动

机是什么？丧失进一步挖掘的机会，属于客户自主购买，自然销售不能将单值放大）

摊主四

这时老太太又看到一个商贩的苹果，便去询问：“你的苹果怎么样啊？”

商贩答道：“我的苹果很不错的，请问您想要什么样的苹果呢？”（探求需求）

老太太说：“我想要酸一些的。”

商贩说：“一般人买苹果都是要大的甜的，您为什么要酸苹果呢？”（挖掘更深的需求）

老太太说：“儿媳妇怀孕了，想吃酸的苹果。”

商贩说：“老太太您对儿媳妇真是体贴啊，将来您儿媳妇一定能给您生一个大胖孙子。（适度恭维，拉近距离）

几个月以前，这附近也有两家要生孩子，就是来我这里买苹果。（讲案例，第三方佐证）

您猜怎么着？这两家都生了个儿子。（构建情景，引发憧憬）

您想要多少苹果？”（封闭提问，默认成交，适时逼单，该出手时就出手）

“我再来两斤吧。”老太太被商贩说得高兴了。（客户的感觉有了，一切都有了）

商贩又对老太太介绍其他水果：“橘子也适合孕妇吃，酸甜，还有多种维生素，特别有营养。（连单，最大化购买，不给对手机会）

您要是给儿媳妇来点橘子，她肯定开心！”（愿景引发）

"是吗？好，那就来三斤橘子吧。"老太太说。

"您人可真好，媳妇摊上了您这样的婆婆，实在太有福气了！"（适度准确拍马屁，不要拍偏）

商贩称赞着老太太，又说他的水果每天都是几点进货，天天卖光，保证新鲜。（将单砸实，让客户踏实）

要是吃好了，让老太太再过来。（建立客户黏性）

老太太被商贩夸得开心，说道："要是吃得好让朋友也来买。"提着水果，满意地回家了。（老客户转介绍新客户，客户满意，实现共赢）

（本案例转自互联网）

如果没有研究客户的真实需求，盲目采取行动，就像案例中摊主一，根本不知道客户需求，如何能够成单？案例中的摊主二知识匮乏，对自己的产品没有足够的认知，谈单过程中就少了底气和谈资；摊主三虽然了解了客户的基本需求，但没有对需求进行进一步分析，未找到需求背后的真实动机，单子做不大；摊贩四是我们谈单过程中需要借鉴的典型，他不仅及时了解了客户的需求，还通过询问的方式进一步了解了需求背后的动机，且适时采用"夸客户"的方式拉近关系，从而为进一步联单做好铺垫，愿景的引入出神入化，客户都是希望有一些美好的憧憬的，你给他一幅美好未来的憧憬画卷，无疑已经让他认定你和你的方案，即使有所不妥，客户也会及时提出解决方案，进一步促成交易。最后，即使成单了也不要忘记建立客户黏性关系，为将来获取更多业务机会做好铺垫。

Q7 如何才能深挖客户真实需求

通过前面的案例，我们知道了挖掘客户需求的重要性，但是很多设计师依然不知道该如何下手。经常有设计师问客户想要什么风格的设计，但得不到很明确的答案。客户往往会说先做几个方案看看吧，看了方案之后客户再说他哪里不喜欢，不是他想要的，或者他想要什么样的。设计师耗费大量的精力反复修改，却依然做不出客户满意的方案。他们不知道如何和客户沟通，不知道如何才能了解客户究竟想要什么，做设计方案没有灵感和方向。

以上情况，除了专业能力的因素外，多数是因为和客户沟通没有到位，没有找准客户真实需求就急着做方案。

设计师和客户沟通就像医生问诊。通常，客户不知道自己真正需要的是什么，医生也不会直接问你要买什么药，我们要通过“望、闻、问、切”，对症给客户“配方开药”。

怎样才能得到准确的信息和了解客户的真实需求呢？

1. 给客户出选择题，不要出问答题

选择性提问的方式能快速让客户更明确自己想要的是什么，让客户内心的想法更加具象化。直接给客户选择项，问他更喜欢哪一个比一直讲理念、谈设计风格要更加有效。

2. 使用具象的案例供客户参考

经常有客户提出一些比较模糊的概念，比如：我要现代风格！但往往客户理解的现代风格和我们所了解的是有偏差的。建议这个时候可以拿出一些案例图片给客户选择，让“现代风格”变得更加具象。

3. 用通俗易懂的词汇表达

设计师不应该让客户感觉到双方的沟通有任何问题。多说几个专业词汇并不能给你的专业形象明显加分。往往设计师讲的一些话，客户听不懂，又要浪费时间去解释，既消磨了客户的耐心，也造成了沟通的障碍。设计师要做的是不要给客户制造困难，特别是对一些不专业的客户，尽可能用通俗易懂的词汇去表达。

4. 充分加工处理你得到的客户信息

对各种客户信息进行深度加工，划分层级关系。分析出客户真实的内在需求，设计2～3个初步方案供客户选择。若客户自己也不明确的时候，向他提出你的建议，供其参考。这样做能有效节省沟通成本，并且体现出你的思考过程。

Q8 如何有效引导客户确定设计风格

大多数客户对于装修并不专业，加之审美能力的不足，他们对于家庭装修需求的描述就较为模糊，作为设计师，你不能指望着客户能够很准确地传达出自己想象中的家庭场景布置，那么如何有效地引导客户确定设计风格呢？

沟通过程中，设计师应尽量引导客户对家庭装修充分表达看法，并对客户的一些需求做详细记录，切记无论客户的描述是否妥当，我们都应该给予认可。当客户确实无法明确装修需求时，不妨采取下述两种方式。

1. 意向图法

意向图法就是去除抽象化，把客户对未来家的想象建立在图片上，设计师可以将各种不同风格的家装图片交给客户，让其选择自己喜欢的。这种方法可以充分发挥客户的自主性，他可能会找到很多意向图片，甚至有些图片之间关联性不大，这时就需要设计师一张一张地跟客户讨论，确定他选择的原因，过滤掉无用的信息，挖掘背后深层次的需求，最后确定装修风格。

2. 实物刺激法

当客户确实不清楚自己的需求时，设计师不妨邀约客户到外面走一走，去看看具体的家具、材料，可能会有意想不到的效果。

客户不清楚自己需求的原因很大程度上是因为对于装修风格抽象认识的不足，但他对实物还是敏感的。设计师带领他看家具的过程就是收集需求的过程。在家居卖场里，客户说这个家具好看，那种线条好看，那么他喜欢的风格也就是你设计时要把握的风格了，在你的设计里只要把他喜欢的家具、线条等相匹配，自然也就找到适合他的设计风格了。

上述方法都是针对客户对其未来家装需求不确定的一些具体做法，大家也可以通过与客户的沟通，提炼适合自己的沟通方法。但万变不离其宗，就是要掌握一个度，让客户对你感兴趣，产生想跟你合作的欲望。

Q9 调查问卷的设计

不挖掘出客户的真实需求，你获得的就是无效信息，设计师按照无效信息做出的设计就是低转化率的作品。当你用意向图法与实物刺激法都不能很好地概括出客户的装修需求时，不妨使用客户调查表。客户调查表是一种结构化调查方式，设计时要注意各项指标的量化。

一个好的调查表应该包括以下内容：客户基本信息、住宅基本信息、家庭成员信息、装修喜好设定、主观答题设定等。如下面的调查问卷就很好地包含了上述内容。

居众装饰调查问卷设计

为了准确把握您的设计风格，满足您的居家使用要求，为您提供优质高效的设计服务，我们居众装饰的设计师应当对您家庭的基本资料、您的喜好、您的生活习惯等有所了解。我们会充分尊重您的隐私，并保证该调查表仅用于本次的合作范围。

充分了解您，才能满足您的需要，请您理解。非常感谢您的密切配合！

您的称呼（女士）：

联系电话：

微信：

E-mail：

所在城市：

楼盘名称：

预计装修总费用：　元（此为装修总造价，硬装造价指地面、墙面、顶面不可动的物体；软装造价指电器、家纺、装饰品等易于更换的物品的全部造价）

居室面积：　　平方米（建筑面积）

房屋朝向：　　（如：坐北朝南，指入户门）

楼层：

层高：　　　　（别墅、复式等请每层说明）

居室种类：

A. 平层　　B. 错层　　C. 跃层　　D. 复式

E. 别墅　　F. 其他

装修种类：

A. 带有初装修　B. 旧房改造　C. 毛坯房

1. 您的年龄：

A. 20～25岁　B. 25～35岁　C. 35～45岁　D. 45岁以上

2. 您的学历：

A. 本科以下　B. 本科　C. 硕士　D. 博士

3. 您从事的行业：

A. IT　B. 电讯　C. 贸易　D. 服装

E. 鞋业　F. 房地产　G. 旅游　H. 媒体

I. 金融　J. 艺术　K. 教师　L. 公务员

M. 科技行业　N. 医生　O. 律师

P. 其他（请注明大概）

4. 您的居室成员：

A. 父母　B. 夫（妻）　C. 女儿　D. 儿子

E. 孙子　F. 孙女　G. 保姆　H. 其他

5. 您孩子的年龄：

A. 还没有孩子　B. 1～3岁　C. 4～6岁　D. 7～9岁

E. 10～13岁　F. 14～18岁　G. 18岁以上

6. 您喜欢的家居风格：

A. 中国古典风格　B. 现代风格　C. 简欧风格

D. 日式风格　E. 美式田园风格　F. 欧式古典风格

G. 混合型风格　H. 地中海风格　I. 其他

7．您喜欢的陈设品：（可多选）

摆设类：

A．雕塑　　B．玩具　　C．酒杯

D．花瓶　　E．其他

壁饰类：

A．工艺美术品　　B．各类书画作品

C．图片摄影　　D．其他

8．您喜欢的家居整体色调：

A．偏冷　　B．偏暖　　C．中性色调　　D．根据房间功能

9．您喜欢喝：

A．茶　　B．咖啡　　C．酒

D．新鲜饮料　　E．其他

10．您的洗浴方式：

A．淋浴　　B．浴缸　　C．两样兼有　　D．其他

11．您的个人爱好：

A．收藏　　B．音乐　　C．电视　　D．宠物

E．运动　　F．读书　　G．旅游　　H．上网

I．其他

12．您对装修材料的喜好：

A．玻璃类　　B．木质类　　C．石材类　　D．壁纸类

E．不锈钢铁艺　F．软装饰　　G．其他

13．家庭共用空间数：

阳台　个，书房　个，餐厅　个，客厅（起居室）个，卧室　个，储藏间　个，娱乐间　个，视听室　个，车库　个

14. 是否需要摆放书籍、收藏品及展示品：

A. 是　　　　B. 否

具体列举：

15. 您喜欢的颜色：

A. 红　　B. 黄　　C. 蓝　　D. 绿

E. 紫　　F. 白　　G. 灰　　H. 粉

I. 其他（请说明）

16. 您喜欢的家具材质：

A. 人造板　　B. 实木　　C. 布艺　　D. 其他

17. 您希望的厨房是：

A. 封闭空间　　B. 开放空间

18. 您计划装什么空调：

A. 中央空调　　B. 挂式分体空调

C. 落地柜机空调　　D. 新风系统

19. 是否有饲养宠物需求：

A. 有　　B. 无

您的装修要求：（可以在下述表格中尽可能地将您的想法和对未来家的装修要求填好，越详尽越好！）

填好上述材料，请交给服务于您的设计师，我们将根据您的需求为您提供优质、高效的服务！再次感谢！

Q10 影响客户签单的关键点是什么

在客户支付能力之内影响客户签单的原因有：客户不中意你公司的形象？觉得你的报价太贵？对你的设计没兴趣？看似都有可能，实际上归根到底可以总结出两方面原因：客户认为你够不够专业；客户跟你合不合拍。

设计师谈单流程其实都差不多，来了一个客户，一般都会问这么几个问题：你是哪个小区的？房子有多大面积？什么户型？家里几口人？喜欢什么风格？你想怎么装？有没有带平面图？你的装修预算大概是多少？但有的设计师会特别吸引客户，客户都喜欢跟他聊，他的签单量也很大。什么原因？除了设计之外，更重要的是客户觉得跟他合得来，设计都差不多，为什么不找一个跟自己聊得来的人呢？毕竟未来可能有小半年都要跟他打交道。

大千世界，芸芸众生，不同的客户兴趣点也不同，所以作为设计师你要什么都要懂一点，要做全才、通才。当客户抛出一个话题，你表示不清楚，客户抛出第二个话题你摇摇头，客户会认为你们的交谈就没有进行下去的必要了，自然也就跑单了。

Q11 如何让客户主动找你

目前全国登记在册的装饰公司有上百万家，没有营业执照的装修队数不胜数，设计师每天为了业绩主动给客户打电话、发短信，可谓是做了大量的工作，但签单效果还不理想，什么原因？如何能让客户主动上门找你呢？

这个问题实际上可以分为三个小问题来回答。

1. 客户怎么才能找到你?

电话、短信等铺天盖地的装修广告轰炸，多属“王婆卖瓜，自卖自夸”的传统营销方式，结果就是当客户对你不熟悉时，这些信息只不过是他大脑中的一个信号，不见得会因此为你买单，他们更多会通过互联网求证这些信息的真伪。作为设计师，在网络世界里是否有你的痕迹呢？

2. 客户通过什么途径找到你？

大部分客户在装修前都会通过网络进行搜索，那么能不能找到你的相关信息呢？你有自己的百度百科或者微博吗？客户能从家装论坛、各大家装网站里找到你的作品和网文吗？客户能从微信、快手等平台找到你的内容吗？

如果客户在这些平台都找不到你，那么你发的广告就得不到有效验证，最终结果就是你的付出、努力难以调动起客户足够的兴趣，只能石沉大海。

如何让客户行动起来？

当客户能够在互联网上找到我们的相关信息以后，如何激发客户的下一步行动？

如果你想让客户了解更多内容，你可以将相关信息链接到你的微博、微信上；如果你想引发客户的咨询，你可以直接将你的微信、QQ、电话等信息留在网络上。

网络世界需要长期建设，经营过程中更需要设计师用心、耐心、细心、恒心，网络传播根本地改变了信息生产、传播方式，它已渗入生活的方方面面。在互联网时代，设计师要想抓住客户，让客户主动找来，就必须重视自身线上内容的开发。

A2 情景再现：网络时代的品牌包装——设计师的自我营销

小刘是一位优秀的设计师，签单率一直不错，公司组织的客户回访中，小刘的客户满意度也是比较高的。但是他的客户王先生在签单的第二天就来公司退定金。小刘百思不得其解，整个谈单过程非常顺利，客户对设计方案也十分满意，为什么过了一个晚上就要退单呢？

客户过来办理退单手续时，小刘和公司的设计总监一起接待了他。在沟通过程中，客户提到："其实我对刘设计师的设计理念是比较认可的，但是我昨天回家后登录了你们公司网站，竟然没有关于他的介绍。然后我输入他的名字去查，也没有在网络上看到任何他设计的作品。所以，我觉得应该换一个更有经验的设计师。"

经过协商，公司为客户更换了一个在网络上宣传做得比较好的设计师。通过这件事情，设计师小刘也开始反思要在各个方面宣传自己。

随着互联网的日益普及，越来越多人习惯在网络上搜索信息，客户寻找装修公司和设计师也不例外，网络推广成为客户认识和了解设计师的重要途径，为设计师带来更多的客户。

公司网站、个人网站、新闻、论坛、贴吧、百度百科、百度问答、微信朋友圈、公众号以及抖音等，都可成为打造设计师专业形象的平台。

想要打造专业形象，做好网络宣传，可以从以下几个方面入手：

维护公司宣传网站，及时更新个人简历、照片、代表作品等信息；

建立设计师个人网站，通过发布简历、成长经历、获奖情况、设计作品、个人动态和个人职业感悟等方式进行包装宣传；

开通设计博客，打造特色朋友圈；

撰写新闻稿件投放到专业网站；

注册室内设计相关专业网站，发布设计帖并及时更新；

建立个人微信公众号，介绍家装知识、配套知识、经典案例等，并提高转发量，进而推广自己。

以上都是让客户通过网络了解设计师的一些方式。专业形象的建立是一个长期的过程，需要用心打磨才能把网络变为拓展客户、提升签单量的利器。

Q12 如何打造自己的朋友圈

移动互联网的时代，微信朋友圈成为很多室内设计师、业务员营销签单的工具和展示专业能力的重要平台，而且通过客户的朋友圈，我们可以了解到客户的动态、爱好等信息。这样就有了更多的话题，也可以进一步了解客户的生活方式，从而为设计服务。

作为一名设计师，我们该如何利用网络宣传自己以及打造自己的朋友圈呢？可以这样来考虑：客户能否在朋友圈学到有价值的东西？我们发布的内容是否有助于增加客户对我们的认知和信任？能否给大家带来正能量？是否对客户有帮助？能否引来互动？

朋友圈可以适度展示客户的认可、加班学习的收获、自己的代表作品，以及分享一些对客户来说有价值的专业知识，比如新房验收小知识、新房搭配小技巧、净化室内甲醛方法等。

总之，要给客户传达的信息是我们不是靠营销或者价格去签单，而是靠专业能力、责任心去签单，是一个积极向上、有才华、爱学习、爱生活、值得信任和托付的设计师。

在朋友圈分享的图片、文字，都在向大家展示我们的兴趣爱好、能力、特长，甚至情商，是一个新型的“自我经营”平台。每条朋友圈都是在自我营销，构建“自我品牌”。作为设计师，应该学会经营自己的朋友圈，让朋友圈既保持纯净，又能为我们签单提供帮助。

A3 欲速则不达，只求与你“一见倾心”

小刘是家装公司的业务骨干，刚毕业两年就已经被提拔为公司的设计部经理。由于业务熟练且为人坦诚，工作以来，小刘积攒了不少人脉资源。

有一次，朋友介绍了一个王姓的客户给他，小刘准备去拜访这个客户，客户平时工作繁忙，而且经常出差在外。

小刘提前给客户打了一个电话：“王总您好，我是××装饰设计公司的设计师小刘，是胡先生让我联系您的，我想拜访您，不知道是否可以？”

王总回答道：“你是想让我装修吗？已经有很多装修公司打过电话给我了，我的房子还没下来，暂时不需要，况且我也没有时间。”

小刘：“我知道您非常忙，但请给我10分钟可以吗？只要10分钟就够了，我保证不会和你谈装修业务，只是跟您聊一聊。”

王总：“好吧，你明天下午3点过来吧。”

小刘：“谢谢您！我会准时到的。”

经过一番争取，小刘获得了与客户见面的机会。

小刘打电话之前就做足了功课，研究了该客户房子的户型，同时通过介绍人了解到王总为人成熟稳重，做事深思熟虑。小刘决定首次见面先留个好印象，再慢慢跟单。

第二天，小刘按约定时间准时到达，来到王总的办公室，他礼貌地说："您的时间宝贵，我会严格遵守我们约定的10分钟时间。"

于是，小刘尽可能简短地提问，把说话的时间都留给王总。

小刘的提问没有涉及签单本身，而是针对王总感兴趣的事情进行了提问，话题轻松，很快10分钟就到了。

这时，小刘说："王总，10分钟到了，我现在准备走了。"

此时，王总兴趣正浓，他马上说："没关系，我们再聊一会儿吧。"

就这样，小刘从接下来的谈话中获得了很多对签单有用的信息，而王总对他也有了好感，多了一份信任。当小刘第三次拜访王总时，顺利签单。

这个案例中设计师小刘有三点值得大家学习：

一是不要过于强烈表达迫切签单的愿望。凡事欲速则不达，在日常工作中，很多设计师和业务员习惯热情满满地与客户接触，这当然是做好服务的一种。但是，初次与客户见面时，客户对签单本身有抵触心理，如果直接将签单的意图完全表露，客户会觉得设计师和他接触就是想要跟他签单，拿走他口袋里的钱，这样很容易遭到对方的拒绝。

在整个谈单的过程中，小刘全程没有过于着急表露签单的意图，而是尽可能和客户攀谈，消除客户的戒备心理，通过沟通了解客户的兴趣爱好以及对未来生活的向往，和客户产生共鸣，拉近了内心的距离，进而让对方主动询问小刘对设计的看法，自然过渡到房子的设计方案上来。如果小刘没有一开始电话里的铺垫，而是直接表达谈单的意图，可能连与客户见面的机会都没有。

首次与客户见面，尽可能不要先谈签单的事，而应先谈感情，赢得客户的好感与信任后，再谈签单便会自然很多（当然，这也不是绝对的，现实中也有很多首次见面就成功签单的案例）。隐去签单的意图，先与客户熟络感情，以消除客户的戒备心理，是走向签单成交的重要环节。

二是学会倾听。用心聆听，了解客户的想法，特别是要学会销售提问，打开客户的心扉，你才知道应该怎么说。先问明白客户想要什么，有的放矢，也不会让他人反感，说不定还能给客户留下善于思考的好印象。

有的设计师一见到客户就滔滔不绝地介绍自己有多少优秀的设计作品，想如何设计客户的房子，完全不知道客户心里是如何考虑的。现实中，多数家装客户从买房到装修签单都有一两年的时间，对自己家庭的装修是有自己的思考的。若只是自己口若悬河，只会引起客户的反感。

三是取得信任。信任是销售技巧的基础，有对设计师专业能力的信任和对设计师本人及公司的信任，这两点都不能疏忽。小刘就是取得了客户的信任，和客户成为朋友，然后用扎实的专业能力为客户服务，才能成功签单。

Q13 第一次谈平面方案该怎么说

客户要来看平面方案了，我们该如何应对？是直接把方案拿给客户看？从入户门开始介绍？按照区域介绍？按照功能空间介绍？按照行走路线介绍？

其实这些都不重要，一个走心的设计方案最重要的是要把整个思路和想法跟客户分享。也就是我们怎么样精心设计客户家装的解决方案，要把这个设计的思路和过程分享给客户，发掘和体现家装整体方案对客户的价值，而不是直接给客户讲述你设计的结果。

要告诉客户我们是怎么考虑的、为什么会如此设计、这样设计的优势是什么，解决了客户什么问题、为什么不去那样设计、它有什么弊端，要让客户感受到我们是在充分了解其真实需求的基础上，深思熟虑、综合分析利弊的情况下，运用自己的专业知识和经验最终呈现的设计方案，是比较合理和舒服的状态。

一方面要展现你的专业水平，另一方面要体现你对客户生活全方位的关注，要体现方案凝结着我们的汗水和智慧，这是能否真正打动客户签单的基础。一个到位的平面方案应该关注到所有家庭成员的需求和细节，符合客户的生活方式及其对未来生活的预期，具备一定的未来需求可变空间。

设计方案不要太多绝对性的承诺。有的设计师认为自己拿出的是最好的方案，但事实是方案再完美也不可能让客户百分之百满意，依然会存在不合理的地方，跟客户沟通后也有要修改完善的地方。话说得太满会降低客户对自己的信任，也很可能就会成为对手的攻击点。

同时，建议平面设计方案准备2～3套，讲解的时候重点阐述其中把握最大的一套，并阐述方案各自的出发点和特色。我们要给客户出的是方案1、方案2还是方案3的选择题，而不是出签单或者不签单的判断题，这样才可以对自己留有余地，如果客户对其中一套不满意也不至于直接回绝。

阐述方案过程中，我们应当善于聆听，始终保持和客户互动的状态。通过语言描述使设计方案产生情节，引导客户进入我们所叙述的生活方式的情节，丰富谈单的内容与情趣，引导客户说出更多内心需求。随时通过沟通和询问引导客户主动提出想法、发表意见，了解他的真正需要。这样就容易与客户达成共识，进而和客户共同完善方案细节。

一个成功的平面方案沟通，一定是你听的足够多，客户对你的信任在加深。与客户谈单时，一定要时刻揣摩客户心理状态，通过对客户眼神、举止、表情、动作的观察，及时了解客户的心理变化，把障碍消灭在萌芽状态，并且及时提出签单意愿，顺利签单。

通过平面方案的沟通和定单的签订，客户大脑被灌输了大量信息，是一个比较兴奋的状态，时间久了就会冷静清晰。所以定单签订之后不建议再做过多的沟通，谈得越多，问题越多，避免客户出现反悔的情况，要及时有礼貌地向客户道别，送客户离开。

Q14 如何才能避免与客户沟通时冷场

作为一名设计师，你是否曾经遇到以下情况：对客户不熟悉、不知道如何才能和客户愉快地聊天；跟客户见面聊着聊着冷场了，空气突然安静下来，不知道该如何面对。

怎样才能避免以上尴尬的发生呢？和客户沟通会冷场的原因也无非是准备不足，找不到客户感兴趣的话题。那么，我们如何避免尬聊、冷场？怎么样才能跟客户愉快地聊天呢？可以从以下几个方面去尝试。

见面前，做好心理预演。对将要和客户见面的场景进行视觉化预演，在头脑中想象见面过程中客户可能会和我们讨论哪些话题，如何持续和引导整个话题的走向？客户可能会有哪些方面的疑虑，该怎么回答才能打消客户疑虑？针对可能出现的情况，提前做好准备。

见面时，善于观察和总结。尤其是和客户首次见面，建议用少部分时间介绍来意，其他时间可选择和客户聊聊轻松愉快的话题。和客户沟通的内容各不相同，但最重要的是和客户道别之后我们要记录和客户见面的时间、天气、讨论的话题、客户的需求、见面的小插曲、客户特点、职业、籍贯、爱好、办公室布局、办公桌上的摆设、衣着、佩戴饰品、自我表现等内容，细节越多越好。

下次见面之前，温习以上内容，见面时可以找机会夸奖客户上次穿得那套衣服或者手表配饰很有气质，或者告知根据客户上次提的需求或者他的某个习惯、爱好，我们在设计方案里面进行了特殊的设计。客户听后能够体会到你对他的用心，也更愿意和你进行沟通。

交流的过程中，要主动找话题，放低姿态聆听。尽可能多掌握和了解客户的信息，对客户越熟悉，和客户沟通的话题就越多。只有通过沟通打破与客户的关系，专业能力加上客户的信任才能顺理成章达成签单。当某一个话题引起客户兴趣，他开始接话，对你放松戒备，眼神中有继续交谈下去的意愿时，我们要注意将话语权转交给客户，让他放开聊，我们安静聆听、适度表达即可。

设计师最大的禁忌就是一上来就和客户谈设计、催客户签单，客户对你没有信任，自然不会相信你的能力。说得越多，客户越厌烦，沟通的场面也就会越来越尴尬。

真的遇到尬聊、冷场、找不到话题的时候，我们首先要判断客户今天是不是真的有很多事情要处理，没有时间和你交流，还是客户对话题不感兴趣。如果是前者，我们要快速表明来意并及时结束会谈，不至于给客户造成困扰。如果是后者，我们尽可能按照事先预演好的沟通计划，从生活、娱乐、工作、客户需求、方案设计等各个方面寻找话题和客户进行沟通，吸引客户兴趣，拉近和客户的距离，进而取得客户的信任。

Q15 客户议价时我该怎么办

很多新手设计师会害怕客户跟我们议价，以为客户议价说明嫌贵了。但事实恰恰相反，绝大多数情况下，客户肯跟我们议价是一个好的信号，说明他在考虑是否要和我们签单，报价在客户可以接受的范围，才会考虑到议价的问题。

何先生是一个了解价格还愿意跟我再谈的客户，我的准客户之一，他第三次坐到了公司的谈单区。他觉得我给他的报价还是太高（客户永远觉得价格是贵的），询问可不可以给个打折优惠。我在想：“这太好了，要优惠说明他对公司认可了，价格也是在他的承受范围内。”我回答：“老实说，我们公司是不打折的，但何先生我们也一回生二回熟了，作为朋友，我有必要向公司领导申请一下（这里使用一个模糊的最高权威），看看领导怎么说，因为我并没有这个权力。但我想先问一句，如果公司领导同意了我的申请，何先生你能拿出你的诚意吗?”他随后说：“行，我今天可以先交定金。”

通过要求对方做出回报，让签单所需要做出的让步更有价值："既然是在谈判，为什么要免费让步呢？"在签定金协议的时候，业主何先生又说："可不可以再送我全房的开关面板？"我说："何先生你今天如果直接签合同，我可以再向公司申请。"如果对方知道每次要你做出让步都要付出相应的代价，他们就不会无休止让你一让再让。

与客户谈单的过程实际上就是不断沟通、创造价值的过程。双方都在寻求对自己最大利益的方案的同时，也满足对方的最大利益需求。所以，当客户提出降价的请求时，我们应当充分沟通，不要轻易让步，否则若将自己置于极其被动的地位，客户可能会一再提出要求。

不过好的业务谈单并不是一味固守立场，寸步不让，而是要与对方充分交流，从双方的最大利益出发，寻找解决方案，用相对较小的让步来换得最大的利益。

为了在关键问题上获得客户认同，设计师可以先在细枝末节的小问题上表示适度的让步，让客户感受到你的诚意，同时也要让客户感受到我们做出让步的艰难。如果轻易让步，客户一定会以为有更大的让步空间。最后，记住最关键的一点：做出让步的同时不妨索取回报。

Q15 以退为进，如何巧妙利用让步签单法

王姐是一家品牌橱柜公司的设计师。在参观公司展厅的过程中，客户提出厨房里要安装王姐公司代理的洗碗机。王姐分析客户的饮食习惯并且实地测量后，认为洗碗机不仅贵，而且利用率也不高，就劝客户不要买。这种做法不是明摆着降低了销售额吗？一般人即使客户家里有也希望他们买来提升自己的签单额，王姐却反其道而行。她的单子却因此越签越大，老客户也越来越多了。

首先，我们要肯定王姐为客户设身处地着想的初衷。同时，我们也可以从签单的角度将王姐的这种行为称为“让步签单法”。

与我们常用的主动推荐似乎截然不同。主动推荐是找出客户的需求，从而增加销售额；而让步签单法则是充分考虑客户实际需求，减少不必要的开支，帮客户减负。这种做法看似很“傻”，实际上既利他又聪明。

有悖常理的事总会叫客户记忆深刻。家里装修，设计师不劝你买，反倒劝你不买，这会令对方意外且铭记于心，可提升客户的信任度。

王姐没有赞成客户在厨房内安装洗碗机，却赢得了客户的信任。所以，在整体橱柜的设计中，她考虑客户的收纳需求，增加了两组吊柜，同时还拿下了客户衣帽间、电视柜和书柜的订单。

设计师劝客户不要买时，客户往往增加了很多其他的装修内容，只是因为更加信任设计师，对于设计师提出的装修建议会更放心采纳。当然，以上情况的前提是我们的引导都是合情合理的。

如果有些客户依然坚持购买时，我们应当顺着客户的意思，但是因为我们有善意的提醒，客户也会对我们心存好感。客户心理是极其微妙的，签单过程其实是与客户交心的过程，而让步签单法有时候就是取得客户信任的一剂良药。

Q17 见好就收，适时收场与恰当道别

客户顺利交纳定金后，设计师是马上离开还是聊些无关紧要的话题？这是一个很重要的问题，需要设计师认真对待。设计师要适时恰当地收场，向客户友好道别。本次交易的收场是否适当，决定着后续看方案、合同签订、施工沟通等工作是否顺利。

小王是刚入行不久的新手设计师，由于工作主动热情，所以很快就有了自己的客户，但业绩并不理想。眼看着月底就到了，自己还没做成一笔交易，内心很着急。就在此时，一直在联系的一个客户决定过来签单，经过简单的沟通后，顺利地交纳了定金，可是手续办理完成之后，小王却不知道接下来该怎么办，不敢先离开，也不知道该如何提出送别客户，就这样呆坐了两分钟，还是客户主动对小王说："王设计师，现在没有别的事情了吧？"小王才起身与客户握手道别。

新手设计师可能都会遇到小王这种情况，尴尬局面的形成是因为他不

懂如何与客户道别，不知道怎样做才是合适而友好的道别方式，再加上当时完成了签单后激动的心情，可能就不知所措了。每个设计师都应该明白和客户友好道别，这也是谈单中很重要的环节。

完美的道别可以为后续与客户沟通奠定好的基础。签单后的分手，只是做好后续工作的开始。沟通结束时，设计师要有恰当的收场，既不能过于兴奋或者对客户过度恭维，也不能表现得太过冷淡。在与客户道别时，设计师面对客户，在态度上有诚恳的表示，在言辞上有得体的话语，在行为上有礼貌的举止。

成交以后设计师匆忙离开现场或表露出得意的神情，甚至一反常态，变得冷漠、高傲，这些都是不可取的。达成交易后，设计师应该用恰当的方式对客户表示感谢，祝贺客户终于选定了设计方案，让客户产生一种满足感，对此点到即可。随即就应把话题转向其他，如具体地指导客户如何正确收房、如何办理装修手续、如何购买配套软装和家具，以及沟通后续装修的细节等。

不仅要体现友好，还要注意道别的时机。设计师是否应立刻和客户道别需酌情而定，关键在于客户想不想留下来了解更多的内容。有的设计师认为，成交后马上送客户离开，可以避免对方变卦。其实不然，如果沟通工作做得扎实，客户确信方案、价格对自己都有利，是不会随便更改主意的。

若未让客户信服，即使设计师离开现场，他同样可以取消签单或者要求更换设计师。因此，匆忙离开现场往往使客户产生怀疑，尤其是那些犹豫不决、勉强做出签单决定的客户，甚至会懊悔已做出的决定，或者变卦，或者后续签订合同、装修过程中设置障碍，使后续装修过程变得困难。

签单后，也不宜长久逗留，只要双方皆大欢喜，心满意足，这种热情、完满、融洽的气氛是离开现场的最好时机。

Q18 如何提升电话营销转化率

可能都经历过给客户打电话进行营销的阶段，总体来说，效果并不好，大部分陌生客户接到电话的时候，要么语气很差，要么说几句话也就挂断了，整体转化率很低。什么原因？如何解决？

针对这个问题，仁者见仁，智者见智，可能有很多答案，但归纳起来，电话营销的本质还是营销，营销的前提就是建立信任。

王先生有一套房子恰好最近要装修，所以最近每天都有接二连三的装修电话打过来，说的差不多都是同样的内容：优惠活动、免费设计等。有时候电话打得不分时间段，直接就是你好我是××公司设计师，我们公司搞什么优惠活动，你看看能不能过来看一下之类。因为王先生的工作性质，看到陌生电话不接又怕错过重要事情，但接过来一听，有时候真的是气不打一处来。当然，即使不高兴，王先生也会客客气气地回复在忙或者说已经定下了。但这么多的电话营销根本就一直没有提起王先生的兴趣，相反还给他的生活带来了很多困扰。

装修总还是要进行的，走了几家装修公司，正在纠结的时候，王先生又接到了另外一家装修公司的电话，这个电话让他耳目一新，还真就去他们公司看了，最后也在他们那里定下来了。在第一次电话打过来时，设计师并没有问王先生有没有装修的打算，也没有邀请他参加公司的活动，而是说："我知道最近应该有很多人联系了您，也知道现在您可能正在为装修的事情烦心，推销我们的公司倒在其次，但我希望您可以给我2分钟的时间。"王先生虽然也想拒绝他，但还想听一下这2分钟到底能带来什么。随后设计师分析了当前装修市场的情况，分析王先生现在面临的一些问题，穿插了一些他们公司的情况，为王先生的装修提出了建议，结果2分钟的沟通变成了半小时。在后续的接触中，设计师也没有急于邀请王先生去公司见面，而是不间断将家装的一些信息发给王先生，为其答疑解惑。整个过程让王先生觉得对方不像一个销售，更像是一个家装顾问，与其沟通后，确实能增长不少家装知识，少走不少弯路。随后的一个周末，应设计师邀请，王先生就去公司看了一下，第二周就基本敲定了。

我们一一对应来分析上述的谈话。

★ 设计师通过内容的精心策划，让客户对他产生了兴趣，至少不会马上挂掉他的电话。（他是"追求者"，初次见面很重要）

★ 设计师站在客户的角度，以专业角度分析装修市场的情况，为客户答疑解惑。（他能带给我好处，我慢慢被他所吸引）

★ 设计师没有急于邀请王先生去公司见面，而是不间断将家装的一些信息发给客户。（他对我很关心又给我留下了个人的空间，我主动就一

些问题向他讨教，好像我觉得他也还不错）

★ 应设计师之约到公司去看了一下。（加深了解）

★ 成交。（确立“恋爱”关系）

不知道大家有没有启发，电话营销到底怎么做?

★ 精心组织内容，明确客户需求，让客户对你感兴趣。

★ 站在客户的角度去考虑问题、发现问题，帮助客户解决实际困难。

★ 持续跟踪，真心对待客户，帮助客户获取利益。

★ 邀约客户，促进成交，达成共赢。

电话销售跟谈恋爱一样，张爱玲说：“恋爱中我爱你，是我的自由，和你无关……但是，别人有不接受你的权利。”一上来设计师就非常火热，而另一方对你不感兴趣，那就叫“单相思”。强扭的瓜不甜，勉强的爱情不是爱情，只有你懂得要被爱，先要追求，要索取更要给予，要关心更要空间，要精确更要精致，才能建立良好的恋爱关系。当然了，当你去表白一个心仪已久的对象，被拒绝会伤心，但好事多磨，相信你还会再恋爱的，对不对?只要你是阳光的、真挚的，总会有一个和你个性相似、谈吐相近的人在灯火阑珊处等你。

Q19 如何提高离店客户转化率

很多时候，客户在听完我们的讲解后就离店了，后期如何保持有效跟踪且提高转化率，这是一门学问。客户离店又分很多类型，跟踪思路各不相同，我们逐条分析。

1. 我还没确定好哪种风格

客户离店前铺垫方法：您看您这边有时间我带您参观样板间，毕竟实景效果与效果图还是有些不一样的，我就近帮您约个和您户型差不多的，约好后我再告诉您时间。

跟踪思路：尽快找个关系好、风格相似或者档次比他高的样板房客户，确定具体参观时间后，再去预约客户。你要在约定时间的前一天再提醒他，当客户犹豫后，不要放弃，你可以说样板房离他很近，顺便可以看看其他方面，必定不会让他失望，可以开车去接他。

2. 跟家里人商量一下

客户离店前铺垫方法：今天聊得真是开心，不知道您还有没有对我们不满意的地方（停顿几秒钟，看客户反应，若没反应紧接着后面的话）？装修是大事，肯定要跟家人商量，我加一下您的微信，您回去沟通后不清楚的可以问我，您看这个周六是跟您家人一块过来呢还是我上门当面跟他们沟通一下呢？

跟踪思路：确认客户真实想法，是否有别的顾虑，如有其他顾虑，则先解决顾虑；第二天就打电话给客户沟通商量的结果，若沟通效果不佳，立即邀约客户看样板间，约到门店。

3. 刚逛，我再到其他公司看看

客户离店前铺垫方法：没关系，家装毕竟是大事，听我说这么多不如去看一看，您去其他公司时要注意这些……（竞品竞争区别点：你比别人的优势），比完后我建议您再来我们店一趟，我真想做您的生意，给双方一个机会，我也尽量为您争取最优惠的政策，您比完了，我再给您电话！

跟踪思路：尽量弄清楚客户去了哪家设计公司，找出与该公司对比自身的优势；设计与该公司竞争区别的语言技巧与道具；尽可能在客户对比完后第一时间联系客户，确认对比情况，抛出优势条件，再次吸引客户上门。

4. 价格太高，我再看看

客户离店前铺垫方法：女士，如果您觉得这个方案没问题的话，我就先按照这个来定了。关于价格的问题，最近我们公司有××活动，优惠力度还是非常大的，到时我一定给您申请参加，优惠后的价格我会第一时间联系您。

跟踪思路：提前三天邀约客户到门店，在政策上一定要跟他讲考虑到××原因，特地找到老板帮他申请了优惠，比活动价还低。

客户离店前铺垫方法：先生，我看您了解差不多了（确定客户喜欢），装修真的一定要选一个靠谱的公司，我想您也不是买不起，可能担心的还是装修后的效果（要适当恭维客户），您先别着急，只要您信赖我，价格我一定帮您再想想办法，我先带您去看一下我们的样板间，您看下周末是否有时间？

跟踪思路：尽快找个关系好、风格相似或者档次比他高的样板房客户，确定具体参观时间后，再去预约客户。

客户离店前铺垫方法：女士，如果报价真的超出了您的预算，我看看能不能给您调整设计方案，尽量帮您把价格降下来，您也先回去商量一下，后期我再帮您申请一下看看有没有什么优惠政策，方案出来后我立即联系您。

跟踪思路：对照客户预算，尽快形成高配、标配两套方案，在方案里加一款或者两款特价产品，提前准备好方案讲解角度，邀约客户再次到门店。

Q20 设计谈单脉络，牢牢掌握主动权（上）

按照部分家装公司的分工，有的设计师接待的客户是由业务员引荐过来的，在这之前并没有接触过客户，双方也都不甚了解。怎么谈？谈什么？你是否面临这样的窘境？

★ 第一次见面脑子里不清晰，除了很死板地聊户型、说方案、看材料、谈价格外，你不知道还可以跟客户说些什么，聊完了上面的就冷场了，完全没有章法。

★ 我也制定了谈单的步骤，但与客户沟通时，客户并没有按照我设定的流程走，聊着聊着就跑题了，又出现了聊到哪里算哪里的窘境，原先设计好的方案根本就用不上。

★ 我也设计了谈单的流程，但我把控不好每个环节，经常会陷入某个问题而不能及时转出，谈单结束或者客户要走时，才发现其实很多地方都还没有讲或者该讲的没讲到，不该讲的啰嗦了一堆。

出现以上情况是什么原因？

这三种情况都是因为谈单前的功课做得不够，没有设计完善的流程，或者说你的流程还不够明确。这正如我要开车去某个地方，出发前一定要认真研究前往此地的路线图，途中一共多少公里、经过几个服务区、我预计在哪里加油等，这些都必须做好前期准备。

谈单也是一样，客户本身有自己的想法，再加上他又不知道你想去哪里，具体怎么走，他自然就不会配合你，所以谈单过程中你能否掌握方向、掌控过程以及是否能带着客户按照你的思路走就很重要。如果你掌握不了主动权，那么你就会陷入客户设计的路线图中。尽管大家有一个同样的目的——装修，但是客户的路线图可能会非常烦琐，并且带有不确定性，你并不是他的唯一乘客，可能还没到终点你已经被他请下车了。所以，在谈单前，就必须制定一个完善的流程，这个流程可以引导客户按照我们的思绪走。

谈单的过程本质上就是双方互问互答的过程，大多数客户对于装修并不了解，即使部分人有一定装修知识积累，也很有可能是从网络上、周围朋友处或者其他装修公司了解到的，在知识体系上属于碎片化的东西，如果我们把提问的主导权让给客户，当他把他关心的信息问完了，他的注意力就下降了，谈单的最佳时机自然也就错过了。

大家一定要多花一点时间，根据自己公司的情况，根据自己的优势特长，根据竞品情况，认真地制定一份完善的流程，这非常重要。

Q21 设计谈单脉络，牢牢掌握主动权（下）

如何根据我们的情况去制定策略呢？我的理解就是在谈单过程中，要针对我们想要的结果，在话语中预先留下伏笔，然后再通过这些伏笔让客户自然而然地提出答案或问题。虽然说这个过程中还存在一些不可控的环节，确实客户可能会给出一些不同的答案，但作为设计师，我们要提前预测这些情况，做出解答后，再次转回到你预先制定的策略中。简单来说，就是引导，整个谈单的过程始终要在你的引导之下进行。

下面我们按照设定好的策略还原一个谈单的流程，在这个流程里，我分了两个阶段：前一个是起始阶段，后一个是策略阶段。

起始阶段（不多讲，几句话带过）

设计师：你好，我是××公司的设计师，快来这边就座。

（待客户入座后递交名片、双方寒暄等）

策略阶段：（进入正题了）

设计师：您好女士，现在装修公司特别多，我估计您最近应该没少接到装修公司的邀约电话吧？（寒暄后提出问题1，等待客户回答，答案无非两种，是或者不是，是的可能性很大，不是的可能性几乎没有）

客户：确实是接到很多电话，有时候也很烦。

设计师：现在家装市场竞争很激烈，大家都想为您提供服务，殊不知给您添麻烦了，还希望您能理解，不知道您来我们这里之前有没有去过其他公司？（客户有时是带着情绪来的，站在客户的角度帮客户讲话，适当拉近双方距离，缓解情绪。同时提出问题2，答案还是两种，有或者没有，我们分开讲解）

★ 第一种：

客户：去过其他公司。

设计师：去过哪些公司呢？（顺势提出问题3，要弄清楚客户是否被其他公司影响了，我们的主要竞争对手有可能是谁）

客户：之前去过××公司。

设计师：那这个公司您感觉怎么样？哪些地方您比较满意？（问题4，客户如果去过其他公司，那么我们要弄清楚竞品公司吸引他的地方是什么？客户是怎么被影响的？客户装修的侧重点是什么？可以从中得出一些结论）

客户：××公司他们的套餐还是很有诱惑力的……或者：也没什么，就那样吧（客户又分两种，有配合的，有不配合的）

★ 第二种：

客户：没去过其他公司。

设计师：啊？那您是怎么知道我们公司的呢？是通过朋友介绍还是到过我们公司的样板间呢？（暗示客户，公司的客户有很多，样板间很漂亮，为邀约客户看样板间留下伏笔）

客户：我就是通过别人引荐的。（路过的、看样板间的也可能）

（现在回过头来，设计师要引导客户回到预先设定好的流程上）

设计师：其实每家公司都有自己的特点，装修房子也是一件大事，装修公司虽然很多，但一定要根据自己的需求去匹配，找到最合适的，您说对吧？我们公司首先会针对不同客户需求，量身制定专属家装方案。其次，在设计方面……，第三，我们在施工方面……，第四，我们在后期服务方面……

上面讲的是公司如何制定专属的家装方案，下面讲一下公司的套餐类型。

…………

通过上述案例，我们可以看到设计师在沟通过程中已经预先准备好了问题，把这些问题抛向客户的时候，客户的回答也在他的意料之中，就算客户在某些问题上不配合也不要紧，设计师还是一直抓稳方向盘，将客户向预先设计好的路线上引导。同时，通过这些问题的提问，设计师就客户前期的情况、性格等有了相应的了解。

现在回过头来想想，我们在"设计谈单脉络，牢牢掌握主动权（上）"里讲的三种情况，正是因为我们没有把策略加进去才招致的"窘境"。所以，设计师在谈单时一定要制定流程，要在脑海里将整个谈单的过程以画面进行预演：我们提出问题后客户会怎么答？我怎么接？

不要想当然觉得谈到哪里算哪里，制定一套属于你的谈单流程，当你不断完善并形成自己的谈单模式后，你会越来越轻松。

把握签单时机

（实现有效成交）

成交是销售的最终目的。在家装谈单过程中，设计师如果不能引导客户完成交易，那么整个谈单活动注定是失败的。要真正赢得客户以达成签单的目的，需要设计师内外兼修——拥有熟练的谈单技巧、平衡的工作心态，才能准确把握签单时机，促成签单。

Q1 客户准备成交的信号有哪些

在家庭装修谈单过程中，客户往往不会直接说出我要签合同，但他会不自觉地表露一些潜在想法和态度，如果设计师能够抓住这些信号，加以引导，对促成交易非常重要，即使客户说“不”，只要设计师不气馁，抓准时机，也可以获得更多的信息，以便将来成交。那么怎样才能增加成交的机会呢？这就需要设计师在谈单的过程中努力用心倾听，捕捉和识别客户准备成交的购买信号。

购买信号是指客户通过语言、行动、表情表露出来的购买意图。一般来说，以下所述为签单意愿启动的时机。

1. 询问装修的细节

客户询问装修包含的细节及装修效果时，实际上他已经发送购买信号。一般来说，当客户无心购买时，是不会浪费时间询问装修细节的。

2. 询问装修的价格

当客户询问装修的报价，与你展开讨价还价，要求价格下浮时，实际上他已经再次发出了购买信号。

3. 询问装修施工周期

当客户关注施工工期，询问水电改造、泥瓦工程、油漆工程等施工工艺方面的问题时，这是他第三次向你发出购买信号。

4. 询问装修售后服务

客户仔细询问公司的售后服务内容时，实际上他已第四次发出购买信号。客户只有真心想跟你成交时，才会关心后期的服务。

当客户询问设计相关方面的一些问题并积极地展开讨论，语气、表情、行为有兴奋的迹象时，说明他很可能有购买意向，这时设计师一定要特别加以留意。而当客户询问施工工期、售后服务等方面的问题时，则有可能就是及时签订合同的最好时机。

5. 行为上的信号

当客户不停地翻阅公司的资料，犹豫不决，开始与其他人商量，对你所陈述的话题表现出兴奋的表情，身体向前倾斜、不断点头等都可以视为准备购买的信号。

Q2 学会倾听，实现高效沟通

能否把握成交时机的核心在于倾听，设计师的倾听并不是简单听，而是要在整个谈单过程中全神贯注耐心地听。倾听的技巧很多，大致包括七种。

1. 充满耐心

设计师要充满耐心地倾听客户的观点，如有必要，可以将客户的观点分门别类记录下来，因为客户所陈述的正是他所关心的，当你解决了这些问题，签单也就水到渠成了。

2. 善用停顿

设计师要注意适当停顿，给自己思考和客户表达的时间，针对客户关注的重点问题要放慢语速，有利于给客户留下成熟、稳重的良好印象。

3. 巧用插入语

换位思考，谈单过程中设计师多用一些“是的”“我明白”“我理解”一类的词语，客户会感觉到你在非常认真地听他讲话，并且你和他在看法与观点上保持了一致。

4. 听懂话中话

设计师谈单过程中听其词，目的是会其意，当我们无法依据对方的非语言表达了解其真实意图时，就有必要将注意力集中在对方的语气、语调和言语的内涵上，而不是集中在孤立的语句上。例如电话邀约客户，仅依据客户的话语而下结论就显得操之过急了，还要分析客户话语中的语气、语调，要听懂客户的话中话。

5. 慎下结论

你所说的话、做的事都是你专业素质的真实反映。设计师要牢记，为了不推翻自己的结论，请不要在跟客户结束谈话之前就下结论，做到三思而后行。

6. 及时提问

设计师要及时向客户进行提问。这个提问包含两个层面的意思：一是通过代入式的提问，营造轻松、活泼的聊天氛围，掌握需要的信息；二是当客户表现出犹豫、困惑时，也要及时提问，引导客户按照你的思路思考问题，消除客户的疑虑。

Q3 如何把握谈单过程中的议价原则

议价成功就是达成双方都同意的价格。就家装行业而言，议价过程可以分为三个步骤：设计师报价，客户砍价、设计师吊价，让价成交。

1. 设计师报价

当家装方案符合客户的要求时，设计师可以给出客户装修报价。

2. 客户砍价、设计师吊价

在收到设计师报价后，客户随即进入砍价环节，这里要注意的是无论他第一次出价多少，一定要加以拒绝。如果你在客户第一次出价时就成交了，客户不但会认为你所报出的价格太虚假了，而且连他的出价都高了，否则你不会那么爽快就答应他的出价的。

客户第二次出价时，原则上设计师仍应采取吊价的策略，这更多的是一种心理策略，目的是为了让客户觉得砍价并不容易，想要更低的价格成交是不可能的了。

至于需不需要第三次吊价或予以成交，则要视具体情况而定。如果客户的出价已经在可以接受的范围之内了，且客户成交的可能性非常大，即可在第二次吊价时，就考虑采取行动。

采用吊价策略的一个重要原因是：过于轻易地降价，即使已经是最低价格了，也会让客户觉得价格还是高了，从而他会对自己的出价感到后悔并继续压价。

3. 让价成交

通过客户三番五次极力争取价格，基本上就可以认定为在成交的边缘，客户对我们非常认可，只要我们给出适当的让价，他就会马上成交。所以，此时如果价格在我们可接受的范围之内，设计师可以适度给客户让价，以促使交易马上达成。

在这个环节里要注意的是，不管最终以什么样的价格成交，设计师都要避免露出过于兴奋的表情。

Q4 谈单中如何让客户觉得占了便宜

经过前期的种种努力，设计师跟客户已经建立了良好的关系，但到了报价环节，迎来的往往又是一轮你来我往地激烈谈判，弄不好你前期的苦苦经营将不了了之。对此，有的设计师很苦恼，价格已经很低了，为什么还是跑单了？

给客户便宜客户不见得会觉得便宜，客户觉得占了便宜才是真正的便宜，所以设计师能否让客户觉得占了便宜才是解决上述问题的关键，我们要想办法让客户觉得占了便宜。

1. 高低价搭配策略

向客户报价时，设计师可以设置高低两个价位让其进行对比，目的是在给予你操作空间的同时，让客户在心理上造成价格悬殊的错觉，只要是客户自己认为占到了便宜，就容易做出签单决定。如高价位可以按照日常价设置，低价位则是活动价。

2. 饥饿营销策略

客户遇到打折促销产品时一般会产生这样的心态：这些产品马上就要被抢购完了，如果现在不买，以后肯定就没这种机会了，我去看看吧！同样的道理，设计师在谈单的过程中也要灵活运用限时优惠策略，给足客户占便宜的机会，给客户营造一种过了今天便宜就没有了的紧迫感。如你可以这样给客户介绍："今天是我们全年最低价优惠活动的最后一天，交定金即享八重大礼，好机会是不等人的，您要尽快做决定。"

3. 借助更高权威策略

当你与客户因为价格问题僵持不下时，不要放弃，更不要跟客户对抗，试着借助于更高权威来留住客户。如："公司有管理规定，我能给您的优惠就这么多了，不过我可以帮您向我的老板请示一下。"如果客户愿意同你的老板洽谈，而你的老板又愿意出马，那么这一单基本十拿九稳。借助更高权威，不见得老板就能给他优惠多少，关键是通过见老板这件事让他感受到了你处处为他着想的诚心诚意。

设计师与客户分属不同的利益体，都在追求价值的最大化，所以讨价还价、相互退让本身就是成交的一部分。无论签单与否，保持平和的心态，做到不以物喜、不以己悲，坚信自己的行业，坚信自己的公司，坚信自己的专业，坚信自己的方案，给予客户最大的帮助。

Q5 客户说价格高时，我们应该如何回答

谈到价格，经常有客户会冷不丁地说一句：你们公司的价格太高了！××公司的价格比你们低很多……这个时候，为了促成谈单，我们该如何合理又巧妙应答呢？

此时你的第一反应是不是：“您不能只看价格，他们质量不行的。”如果你是这样来回答客户的，可能这一单已经有点危险了。当客户言明我们的价格比别人更高时，最不应该做的就是通过贬低别人的方式来抬高自己。一是不符合同行业公平竞争的原则，甚至会让客户认为我们的人品有问题；二是这种行为会给客户一种“王婆卖瓜”的直观感受，而且也根本没有说出价格差异的原因。

客户说价格太高的时候，建议总体把握以下思路进行应对，设计师可根据具体情况随机应变。

首先夸客户，每个人都希望得到认可，大部分客户都是经不起夸的，这是人性的弱点。

然后以自身优势入手，做对比，向客户展示我们哪里比别人的贵，贵的理由。市场上的装修公司很多，总有一些产品的类型、款式相仿，但价格相差很大，对设计师来说自然明白区别在哪里，但客户未必会清楚。所以我们要向客户解释清楚，为什么类型相仿但价格相差很大。跟客户讲材料和施工工艺等细节，让客户认同我们品牌的规范化和高质量的施工工艺。同时讲设计，让客户相信我们的设计水平，取得客户对我们专业的信任。谈公司的实力，讲售后，解决客户后顾之忧。总之，经验丰富的设计师一定会尊重客户的质疑，巧妙引导，通过对自身优势的介绍，让客户清楚出现价格差的原因。

如果客户确实喜欢，可就是觉得有点贵，犹豫不决怎么办？我们还要进行具体情况分析：

第一种情况：给客户价格能再低一点，跟其预算差不多。

弄清客户的预算，找一个可以给客户折扣的理由，打申请电话，注意客户、公司和自己要互利。同时，加上团队配合，突显服务意识。

第二种情况：价格已经到达规定的极限，不能再低了。

弄清客户的预算，加上团队配合，突显服务意识，打申请电话，替客户申请赠品或者小礼物。

Q6 摆正心态，勇于成交

谈单过程中，当客户露出权衡轻重、犹豫不决或赞许认同的表情时，设计师就要把握住机会，促成签单。那么，需要怎样做才能成功把握成交的时机呢?

1. 要有平衡与主动的心态

很多设计师害怕被客户拒绝，以至于谈单结束了都没有一次要求客户签单，自然他的签单率就不高。平衡、平衡再平衡，主动、主动再主动，谈单过程中，客户不会主动跟你成交，所以当你发现客户的购买信号后必须主动提出签单，第一次不行就第二次，第二次不行就第三次、第四次，你必须要主动才可能拿到订单。

2. 要认识到机不可失、失不再来

客户的要求很明确，对设计、报价也非常满意，然而我们的设计师还在喋喋不休，等到你想尝试签单的时候客户来了一句：我再考虑考虑。结果是客户一去不复返。什么原因？同钓鱼一样，没有把握好成交的时机而失去的销售机会，比因其他任何原因所失去的销售机会都要多，设计师应切记机不可失、失不再来。

3. 机会没有最好，只有适当

谈单过程中什么是最好的成交时机呢?客户犹豫不决还是询问装修细节？或是关心售后服务？都是或都不是。我认为设计师只要发现客户的购买信号，就不要犹豫，应该尝试着引导客户做出成交的决定，也就是说没有最佳的成交机会，只有适当的成交机会。

不要害怕失败，客户不签单也很正常，设计师要勇于面对问题、挖掘出客户背后的困惑和疑虑，解决之后就是签单的合适时机，要让客户感受到我们解决问题时的自信和专业。

A1 情景再现：巧用讨价还价的语言技巧

对于设计师的报价，张女士认为太高了，她表示要下浮30%方可成交。

★错误应对

设计师：这已经是最低价了，您再考虑一下吧！

★点评：设计师觉得是最低价，张女士可不一定这么觉得，这种“爱买不买”的态度会给客户留下被蔑视的感觉，从而产生不满。

★正确应对

设计师：（惊讶状）“张小姐，您这可是拦腰砍价啊。要知道，我们公司从设计到主材再到工艺都是业内一流的，您说的这个价格真的是打死都没办法给的。”

张小姐：“那我再加××钱。这可是我所能承受的最高价了。”

设计师：“张小姐，说真的，我很想做成您这一单，刚刚您也看到了，我已经按照公司的活动价给您了，但是您说的这个价格，我如果同意了，那我就得自掏腰包补差价了（苦笑的表情）。”

张小姐：“哪能呀，就按照这个价格，我后面多给你介绍客户。”

设计师：“张小姐，给我介绍客户我是很感动，但是价格上您就别让我为难了。这样吧，我帮您向经理申请一下，看看能不能给您升级一下主材包，这个折算下来也要××钱，您要是觉得可以的话，我现在就带您去经理办公室，不过我可要先说好了，如果我们经理能够答应您，您今天就得马上下定金，至于货款，就按照我们协议里的内容来。不然的话我又要被经理责怪了。”

张小姐：“好吧。”

★点评：讨价还价是个过程，能不能守得住价格确实是个技巧。客户的降价要求是没有底线的，你痛快地答应了，反倒会让客户觉得不痛快。所以吊价过程中一定要让客户看到你很为难，让他觉得他真的是探到底了，而最后让价成交之后，一定要记得提出一定的条件，比如支付定金等。

Q7 临门一脚——促成客户做最后的决定

客户对于装修的问题和担忧已经基本解决，双方已经有一定的信任基础，但是客户还是犹豫不决，这时设计师要设法促成对方做出最后决定，对于不同的情况，可以尝试使用以下方法。

1. 假定成交法

当客户一再出现购买信号，却犹豫不决，可采用这个技巧，使对方按你的思维做决断。如：客户对装修方案、价格等都比较满意，但又拿不定主意选择全包还是半包时，我们可以对客户说："张小姐，半包需要您跑市场购材料，您看您平时上班本身就很忙，对于装修材料方面也不是很了解，一旦出现质量问题，连基本保障都没有，装修房子不容易，要做就做最好的，眼下公司活动期间优惠幅度已经很大了，您看呢？"这样客户就会被引入到你的思考中，不是考虑做不做，而是考虑怎么做，实际上就是同意做了。使商谈在这种二选一的商讨中达成一致。

2. 帮助客户挑选法

一些客户天生优柔寡断，他们对你的方案也感兴趣，可就是在瓷砖品牌、价格等问题上犹豫不决，这时设计师就要审时度势，直接帮他挑选品牌、明确价格，用从众心理告诉他“这种地砖是性价比最高的，也是我们这里出单量最大的”“您看，跟您同小区的××家装修就是用的这种地砖”，然后用自己的信心感染他：“作为设计师，天天跟这些东西打交道，我认为您选择这种是最好的……”，最后直接写合同，请他签字。

3. 建议成交法

您还有什么疑问吗？我是不是还有没讲清楚的地方？现在基本都定下来了，后面还需要继续深化方案，那我们就签个协议吧，我好开始准备下面的工作；您要求今年就入住，我看这时间已经非常紧迫了，所以要抓紧了，先把协议签了，我明天就着手进行方案的细化，确保您在年底住上新房。

4. 虚张声势法

这种方法跟饥饿营销有相似之处，就是利用客户爱占便宜的心理促成成交。比如“已经年底了，今天再不定的话明年就要涨价了，您看现在人工、材料费都涨得太快了。”“这次促销活动的截止日期马上就到了，现在不定下来也许下次就没有机会了。”客户在暗示和紧逼下说不定就会迅速下单成交。

5. 活动诱惑法

“这是我们历年来最大、最优惠的活动了，机会真的很难得。今天我再告诉您一个好消息，我们公司年度最佳施工团队刚忙完一个别墅，如果您这个时候定下来的话，我可以给您安排这批工人，而且给您的项目优惠真的非常大。”

6. 吉日刺激法

针对相信吉日的客户，你可以采用吉日刺激法，比如：“结合您本人和房子的情况来看，下个月6号是今年最适合开工的日子，我们要抓紧确定下来，好赶上这个好日子。”

7. 做出保证法

您放心吧，我会用心把您的家当做自己的家来装修；您刚刚所顾虑的问题其实都是我们考虑的问题，相信我，绝对没问题，放心把您的家交给我，您安心工作；如果您对设计方案有不满意的地方，尽管提出来，我们会做到您满意为止。

销售是个循序渐进的过程，临门一脚是作为成交前的铺垫，不管设计师用哪种方法，都要先分析客户的心理，切忌生搬硬套。另外，一定要敢用、多用，不要因为害怕失去一两个客户就畏首畏尾。不尝试，就永远不知道对错。

Q8 如何向客户提出收取定金

一般情况下，设计师要收取客户定金，才会启动设计方案细化、施工图绘制等服务内容，进而签订合同，达成与客户签单的目的。那如何才能让客户交定金呢？

很多设计师方案做得很好，跟客户也聊得不错，就是成交不了，一到关键时刻就卡壳，觉得不好意思张口收取定金。我们很难指望客户自己张嘴说要交纳定金给你或者立马跟你签合同，需要设计师的积极引导。

只要你判断已进入可以提出成交的阶段，马上就要用催促性、封闭式的提问，请客户马上下定金，告知马上交纳定金的好处以及客户要完成的内容，促使客户签单成交。否则，只要没有签单，客户随时都可能被别的公司设计师拉走。

你很容易判断他是否已经进入这个状态了：客户开始纠结设计方案的

细节问题，开始关心价格，问你有没有赠品，说要回去跟家人商量，说觉得这价格还是有点高，说自己现在身上正好没带钱……这个时候，我们要一步一步地追问，一直问到找到真正的抗拒点为止。例如：“您还有什么需要考虑的吗?”他说：“我回去跟我爱人商量商量。”你就继续问：“那您爱人会关心哪些问题?”他就会说：“我爱人关心××问题。”那么再追问，一步一步追问下去，找准客户的抗拒点，解决这个问题，你就可以提出成交了。记住，这个时候尽可能用催促性、限制性的提问，引导、催促客户。

例如，我们可以说：“先交点定金吧，这样我今晚回去就可以给您的方案出图了。”“为了不耽误开工日期，现在就把合同签了吧！”这叫催促性的提问。也可以这样问：“您是微信还是支付宝支付?”在提问的时候已经给客户限定了一个范围。客户就知道，他是时候做出选择了。

我们也可以采取一些促成客户交纳定金的办法，比如当场交定金送一些礼品或购物的优惠券，然后告诉客户交纳定金以后，就可以为其提供专案服务……

总之，要把握时机，但要适可而止，也不能太过急于求成，反而把客户给吓跑了。只要你能让客户跟着你一起兴奋起来，当场交定金的可能性还是很大的。当然，即使客户没有同意我们也不要灰心，继续跟进，寻找下一次的签单时机。

A2 请适当“麻烦”你的客户

如果每次打电话都是讲装修的事情，客户难免会不耐烦，甚至拒接电话。所以有的时候可以从其他角度出发，出其不意适当“麻烦”你的客户。你这次打电话不是找他签单，而是想找他帮个忙，但一定要声明，这个忙是一个非常简单的只要他举手之劳就能做到的，而且是他最擅长的。这样的忙，客户是比较愿意帮的。

业务员小王了解到一位客户的最大爱好是喝茶。后来在打跟踪电话时，她直接找客户咨询如何储存普洱茶的问题，刚好聊到的是客户最擅长的事情，客户就跟她聊了半个多小时，还约她一起出来喝茶，最后成了好朋友，订单也自然到手。

Q9 客户说是期房，不着急交定金，我该如何应对

在接待客户的时候，时常碰到这样的回答："不着急，我的房子还没有交房，我只是先看看，不着急定。"这种情况设计师该如何应对才能说服客户提前定呢？

我们首先要做的是和客户沟通，了解具体情况，判断客户的话传达的内在信息。

第一种情况可能是确实没交房，首套房装修对装修流程不够熟悉了解，觉得没必要着急；第二种情况是改善性住房，真的不着急定；第三种情况是没交房，但想快点装修入住，只是还在多家公司之间纠结。

第一种情况，客户首套房，多数属于刚需，还是比较迫切要入住的。这时候我们要首先肯定客户的顾虑，认同他的感受。可以这样说："是

的，确实我接单的很多客户最初也有这样的想法，觉得后面的软装、家电先不着急定。所以他们都是提前定建材、家具，后面再慢慢选软装和配套家电。这样可以争取更充裕的时间来保证施工质量和安装家具。也有足够的时间用于装修后的除味和甲醛净化。这样既可以及时入住，又能住得安心、放心，您说是吧？”

同时我们可以利用历史订单来打消客户的疑虑。给客户展示我们之前成交过的类似订单，比如半年后或者一年后甚至更久时间才交房的，现在就已经交纳定金了。我们可以把这些订单提前准备好放在一个文件夹中，在客户有这样的问题时拿出来给客户看。

可能客户还会有所顾虑：“如果你们后面的活动比现在还优惠我该怎么办？”针对这种情况，我们可以保价销售，给客户做一个低价风险承诺书，让客户放心。

只有收了客户的钱才能收住客户的心。只要没交钱，客户随时可能会被别的公司拉走。所以如果客户依然不愿意交定金或者交全款，我们也要尽可能争取让客户交预付金或者诚意金，先预定当前的优惠，后面抵扣。

谈单是一个相互了解的过程，需要时间去磨合，不是所有的客户都能一次签单。即使不能签单，也不要灰心，后面还是要持续跟进。

第二种情况是客户确实没交房、没拿钥匙，但客户已经是二套房、三套房，他是真的不着急装修。这样的客户只能是长期耐心跟踪，不建议短期内频繁回访，切忌总打电话骚扰。建议节假日微信问候或者偶尔发一些装修常识或注意事项。同时，可以手机设置备注提醒，关注客户所在楼盘的相关信息。与客户保持联系，建立信任关系即可。

第三种情况是没交房，但想快点装修入住，只是还在多家公司之间纠结。我们还是应该首先找到客户纠结的点在哪里，是设计、价格、优惠、工艺、服务，还是材料品质等。找准客户关注点，帮客户解决疑虑和问题，获得客户的认可和信任。

Q10 “我再考虑考虑”背后的思考及应对

设计师一定有过以下遭遇：为了说服客户签单，你上门量房用了大量的时间，熬夜画图花费了大量的精力，打了无数个电话，发了无数条短信，客户就是不为所动，每次都以“不着急，先看看，再考虑考虑，没想好，再看看”之类来回答你。对于设计师来说，这种情况可谓是司空见惯。那么遇到这种情况，我们通常又是怎么应对的呢？

绝大多数情况下，设计师会顺着客户的要求说：“好的，好的，那我就不打扰您了，如果后续您有什么问题或者需求可以随时联系我。”少部分设计师可能会发扬钉子精神，锲而不舍，坚持与客户找时间再谈，甚至约好了下次见面的时间和地点。

对待客户不可以不友好，对待工作不可以不踏实，但仔细回顾一下，上述做法最后能签单的可能性有多大？客户如果想签单可能也早就签了，正是因为内心有顾虑，才会考虑。那客户真的是在考虑吗？他考虑的又是什么？还要考虑多久？这些本质的问题你不解决，你们的沟通就是答非所问，两个人根本就不在同一个频道上，结果就是除了让客户更加犹豫、举棋不定外，毫无用处。

我们先来看一下“我再考虑考虑”背后的含义，也就是客户到底在顾虑什么？无非以下几种。

★ 装修是大事，家里还要讨论一下。

★ 价格还能不能再优惠。

★ 性价比是否最合适。

★ 质量问题很关键。

★ 售后服务如何保障。

对于设计师，当客户提出“我再考虑考虑”时，怎么办呢？要第一时间给出你的正面回复，现场打消客户疑虑，然后趁热打铁，引导客户签单。

1. 想办法找出客户的抗拒点

“您的顾虑我完全理解，装修房子是一辈子的大事，我们的大多数客户在签单之前都需要时间考虑。冒昧请教一下，您主要是考虑成本还是质量？还是您对我们公司还不太了解？”说完后将时间留给客户，等他来答。这个时候切记不要多话，目的就是弄清楚客户的顾虑是什么，有没有其他的顾虑。

2. 查清真相

装修谈单中，当客户说："我再考虑一下。"大概率意味着他们已经做出了判断，委婉地将你拒之门外了。这个时候，这类客户资源就很尴尬，如同鸡肋。继续跟踪可能意义不大，徒劳赔上时间跟精力，放弃又有些可惜，毕竟前期付出了那么多。如何应对？不妨勇敢地问一下客户："可以告诉我您的情况吗？"

很多设计师不以为然，这样问，客户极有可能说："我们真的不需要。"这岂不是给自己难堪吗？实际上，你只有大胆向客户询问他的真实情况，才有可能真正了解他的想法，有的放矢，逐个击破，就算客户是真的不需要，那又有什么关系呢？你又没有失去什么，后续在意向客户的名单里把他删掉，也避免了日后对其是否进行继续跟踪的纠结！

3. 问客户到底在考虑什么

"我知道了。冒昧问一下，您考虑的具体是什么呢？我怎样才能帮到您？"

有时候，当客户说"我还要考虑一下"，他们实际上是在考虑之前获取的信息，正处于选择判断的关键时刻，或许他对你的优势还没有全面的了解。这个时候，你就不能让客户独自去思考这些问题，你应该及时介入，帮助客户思考，针对客户的需求进行优势营销，利用好处最大化来引导他们尽快下决定。

4. 向客户说出你的看法

“您的想法我理解，但在我看来选择我们是最合适不过的了，我们公司经办的类似项目很多，经验非常丰富，纵观整个××市，我们公司无论是在设计水平、工艺质量，还是材料资源上都是较强的。”站在客户的角度，有理、有据、有节地向客户表达你的看法，用真诚去感动客户。还是那句话，销售的本质是对人的信任，你获取了他的信任后，离签单就不远了。

5. 弄清楚谁做主

“我理解您的情况。毕竟家装涉及家庭所有成员，需要我再给您提供什么资料方便您和家人沟通吗？或者什么时间约一下您的家人我们一起见个面？”

在决策的最后阶段，客户可能需要与家人商量才能做出决定，所以你要适当地引导客户如何把我们的优势提供给家人，帮助他说服家人。

6. 告诉客户你会继续跟进并设定时间

“没问题，您好好考虑一下，那我下周一再联系您，您看如何？”

客户说“我还要考虑考虑”，那考虑要到什么时候呢？你如果不问，这个考虑对客户来说就没有时间上的约束，过去了也就忘了。我们应该给客户设定一个考虑的期限，这样才能够给客户紧迫感，当然，你也不要把客户逼得太紧，通常5～7个工作日为宜。

Q11 透过现象看本质，读懂客户潜台词

谈单时，你是否只能听懂客户的表面意思，却从来没有想过客户为什么问这个问题？客户究竟在想什么？例如一个经常遇到的问题：如果我的房子装修，大概需要花多少钱？如果是你，你会如何应对客户的这个问题？现实中，很多设计师都只看到客户在问价，却鲜有设计师去考虑客户为什么要这样问？客户问题背后的潜台词是什么？

如果是改善型客户，不用紧张，他只是随口一问，问的这个问题绝对不代表他不会在你们公司装修。就像你去逛街的时候随口一问：这衣服多少钱呀？

如果是刚需型客户，只是想简单装修的，可能我们的报价确实过高，超过了他的预期，需要适时调整应对方案。如果报价太低，客户可能也会质疑你使用的材料、施工能力等。

这个问题是你这个单子成交与否的重要因素之一，要有万全的准备。

当然，刚需型客户并不是一问价格就表明非常在意价格，不是绝对的。我们需要综合考虑周围的环境、房价、消费层次等一系列因素。

有时客户的抱怨不一定是表面所表达的意思。当他们说质量不好或者对设计方案不满意的时候，可能只是想要压低价格。我们要从客户利益角度出发，为对方解决内心真正在意的难题。仔细考虑清楚做每一件事、说每一句话的前因和后果，再找到双方的分歧点。如果我们能敏锐地把握好客户的潜台词，必然能让谈单事半功倍。

当然，客户的潜台词非常丰富和复杂，不同客户、不同环境也会有很大的变化。这就需要设计师用心把握和挖掘，重视客户的潜台词，不要被其表面所迷惑。我们要透过现象看本质，在谈单实践中多体会和研究客户的消费心理。

真情相待（做好客户关系维护）

能否成为一个出色的室内设计师或者业务员，取决于你自己。如果在具备专业能力的基础上，能够广结善缘，积极做好客户管理，那么就会建立属于自己的“关系网”，成功也就指日可待了。

Q1 为什么要做好客户关系管理

客户关系管理，是围绕客户群体进行组织、强化，让客户满意的行为，以及实施以客户为中心的服务流程，从而创造优化利润和客户满意度的商务战略。与客户进行日常的联系是基础，建立长久友好的联系是要求，为你做转介绍是最终目的。日常的客户管理主要包括客户档案管理、客户回访、开发潜在客户等内容。室内设计师做好这些工作有很多益处。

1. 有序整理客户资料，有利于挖掘客户关系价值

无论是已成单的客户，还是意向客户，设计师都可以系统地对其进行分类管理，打标签。有效管理客户资料，不仅可以为交易提供方便、节约交易成本、提升设计师工作效率，也可以为公司深入理解客户的需求和交流双方信息提供更多机会。

2. 明确客户跟进状态，有利于更精准地锁定客户

分门别类整理后，对客户资源管理更轻松，同时可以挖掘潜在客户，大幅提升设计师销售业绩。设计师应与客户保持并发展长期关系，提升客户满意度。可以更准确地发现客户的需求，并锁定客户，双方越是相互了解与信任，越容易签单成功，并可以节约时间和成本。

3. 有利于公司在客户群中建立品牌形象

客户关系的维护与管理工作，可以帮助公司和设计师更好地了解客户，给予客户更多关心和帮助，从而培养更多的忠诚客户。这样不仅可以促进签单从而获得利润，更有利于在客户群中建立一个良好的品牌形象。

4. 有利于培养忠诚客户，转介绍创造更多利润

客户满意的另一个优点就是口碑的宣传效应，让客户成为你的“广告代言”，是省钱省力的事。客户的转介绍更容易促使谈单成功。

Q2 如何建立客户档案

我们每天都要与形形色色的人打交道，要想弄清楚哪些是匆匆过客、哪些是可以积极争取的客户、哪些是我们的准客户，一定要进行有效的档案管理。

如何才能建立有效的客户档案？需要哪些资料？如何利用档案呢？

客户档案应当包括客户原始记录、客户服务记录、客户反馈记录等方面的内容。建议每位设计师都要有自己的客户记录本，或者在手机上专门做个备忘录，随时记录客户档案信息。

客户原始记录是客户的基础性资料，具体包括以下内容：地址、联系人、电话号码、邮箱、所在小区、房型、家庭成员、职业、工作单位、装修要求、交房日期、户型图、生活习惯、个人爱好等，这些都是和签单有关的信息。要想办法让客户留下较为详细的个人信息，掌握的信息越详细，越能有办法留住客户。

客户服务记录主要包括对主动与客户进行联系或服务的时间、地点、方式（如访问、打电话、邮件等）进行记录，为争取和维护每个客户所做的其他努力都应当记录。

客户反馈记录主要包括对于客户主动提供的信息、对设计和服务的态度和评价、反映存在的问题以及投诉，都要记录在案，以便于跟踪落实。

A1 管理客户档案，助攻顺利签单

一个刚刚毕业不久的室内设计师，在短短几个月内签单量就名列公司前三，很多人请教他签单的秘诀。这位设计师说："在我们公司，我基本上属于不起眼的那种。刚刚毕业，没有什么经验，有能力、有经验的前辈们比比皆是。我能够做的就是努力记住每一个客户的信息。只要在公司我接待的客户，我都会记录在我的客户档案里。只要客户能够第二次上门的，我都能够准确叫出他们的名字，说出他们上次来访的时间以及装修的想法。这样不但方便我掌握客户的信息，同时还能够让顾客感到亲切和尊重，进而信赖我，愿意和我签单。"

说出对方姓名是缩短双方之间距离的最简单迅速的方法。记住姓名是交际的必要。而交际等于销售人员的生命线，所以怎么能不记住客户的姓名呢？

当然，你不仅要记住客户的姓名、电话和基础信息，还应该记住那些随行人员的姓名。每次谈话，如果你能叫出他们的名字，他们便会非常高兴。这些人乐意帮助你，常常给你的谈单带来很多方便。

Q3 如何管理客户档案

只是有了客户档案还不够，接下来还要对客户进行有效管理。主要是客户分析、客户信息交流和客户的反馈管理。

客户分析是在记录收集客户信息的基础上对客户进行分类，建立客户消费模型。设计师要根据不同客户类别安排访问频率，以达到签单的最终目的。

客户的需求是一个变化的过程，只有通过双向的信息交流，才能更好地识别客户变化而产生的新需求。与客户进行有效的信息交流才能建立和保持设计师与客户之间的良好关系。

更为重要的是关注各类客户变化中的需求，可以针对各类终端客户家庭结构的变化、收入的变化、审美的变化等做出分析，依据分析结果，针对每一个类别客户的不同需求进行有针对性的设计和服务活动。

客户反馈管理也同样重要。客户反馈对于衡量设计师和公司承诺目标实现的程度、及时发现为客户服务过程中的问题等方面具有重要作用。投诉是客户反馈的主要途径，如何正确处理客户的意见和投诉，对于消除客户不满、维护客户利益、赢得客户信任都是十分重要的。

Q4 如何与客户建立关系

为建立与保持客户的长期稳定关系，首先要取得客户的信任，要以专业水准及优质服务赢得客户的尊重，了解客户的喜好和需要，并采取适当行动，与客户联络感情，建立并保持客户的忠诚度。

只有树立为每一个客户服务一生的观念，才能在装修完成后仍然以适当的形式保持联系，让客户感受到真心诚意的关怀，双方的关系就超越了买卖关系，而是互相尊重、相互关怀。这样我们的终极目标——让其为我们做转介绍就容易多了。

众所周知，争取新客户的成本要远远超过保留老客户及老客户的转介绍的成本。

Q5 客户回访的注意事项有哪些

客户回访是设计师进一步拉近与客户之间距离的很好的方式，也是最便捷、最实用的客户管理办法，通常进行回访的方式是电话回访。

设计师通过客户回访能够准确掌握每个客户的意见和反馈。了解客户的需求，便于提供更多、更优质的增值服务，同时提高客户满意度。也便于发现自己工作中的不足，及时改进提高。但客户回访中也有一些我们需要注意的事项：

★ 调整好情绪，语气友好、自然，以便取得客户的信任，能让客户与你坦率地交流。

★ 对客户进行正面引导，让他们感受到我们设计的优势。

★ 给那些没有准备的客户一点时间，以便他们能记起细节。

★ 说话不要太快，不要中途打断客户的话。

★ 对客户的抱怨不争辩，并告知对方已做好记录，会尽快处理。

★ 提高应对突发状况的能力，面对客户提出的问题不要显得措手不及。

★ 做好简要又清楚的记录。

Q6 如何开发潜在客户并进行有效管理

客户就是市场，作为一名优秀的室内设计师，我们要确立“创造需求、引导消费”的战略思维，积极主动地发掘市场，开发客户的潜在需求。

开发潜在客户的方法很多，如：资料查询法、客户推荐法、电话及微信营销法等，对于室内设计师而言，最有效的方法莫过于客户转介绍。

优秀的设计师要懂得如何管理好潜在的客户资源，既不要在永远无望的“可能客户”上浪费时间，更不要放过任何一个获得重要客户的机会。

同时，我们可以根据紧迫性对潜在客户进行管理。紧迫性是指潜在客户可能在多长时间内做出签单决定。通常情况下，带了户型图并急需入住新房的潜在客户称为核心客户；再接触几次，答应量房的潜在客户，称为准客户。设计师要在与潜在客户的沟通中甄别客户装修的急迫性。根据客户的不同类型，安排不同的拜访频次和深度，包括电话拜访和登门拜访。

制作《潜在客户资料卡》，便于管理，主要有以下步骤：

【潜在客户资料卡】

编号	姓名	电话	家庭住址	推荐人	等级
拜访记录					
备注					

★ 将每一个潜在客户的资料填入资料卡，同时编号、分类，根据紧迫性分成A、B、C级。

★ 每周至少整理资料卡两次，按照客户变动情况重新分类、分级。

★ 对A级客户的资料卡每天翻阅，对B级客户的资料卡每周翻阅，对C级客户的资料卡每月翻阅，并依照发展情况将C级提升为B级、A级。

Q7 如何做好客户转介绍

做销售，提升业绩的方法有很多。我认为，最快最有效的方法应该是客户的转介绍。很多优秀的设计师仅靠这个方法就可拥有无数客户！

虽然转介绍是一个非常有效的方法，开发成本较低，沟通成本也低，而且效率高，建立的信任关系更快更牢固，但是如何让客户心甘情愿帮你转介绍？

首先，要想让现有客户推荐新客户，关键要树立自己的个人品牌形象，用足够的专业、优质的服务征服现有客户，取得客户的信任，是客户转介绍的关键基础，建立良好的客户关系网，与客户交往过程中以诚相待，同客户交朋友，分担他们的忧愁，分享他们的喜悦，他们才有可能向他的朋友、客户推荐你。

如果你还没有做到让客户满意并且取得他们的信赖，那么这节内容你就不用再看了，建议还是把精力放在提升专业能力和维护现有客户上吧！

客户转介绍是设计师最便捷的优质客户扩展手段。但是很多设计师羞于开口要求客户为自己介绍客户，害怕遭到拒绝丢面子或给客户带来麻烦等。那么事实是什么样呢？

人的分享是本能的，一旦客户确实认可了产品和服务，是很愿意分享的。家庭装修满意的客户会迫不及待地邀请朋友来家里参观并分享他的喜悦。他希望让别人知道，为自己服务的设计师就是最优秀的，这样说明他们有品位、眼光好，会让他们感到自豪。客户周围的朋友、同事、邻居同样也会有装修需求，他们需要找到一个可靠的人，作为客户而言，承担这份信任会非常开心。但是客户很少能想得到主动为你去做转介绍的。

如果客户对你的专业能力已经认可，对装修的方案和效果都十分满意，对你又足够信任，你就可以适时当面请求客户转介绍了。有的设计师这时候不开口说“把你的邻居（朋友、同事）介绍给我吧”，可能就丢失了一个很好的机会。

你可以直截了当地跟客户说：“我们还有很多任务，你赶紧帮我介绍几个吧！”不要不好意思，事实上，很多客户需要这样突显他们品位和眼光的机会。

当你和他们谈你工作上的困难时，他们很可能会主动帮助你，介绍新的客户给你认识或者直接帮你成功签单。

充分利用转介绍的力量。与每一位客户都要处理好关系，争取开发更多的潜在客户。当一个客户转介绍成功时，你的签单行为才算完成了，因为你满足了客户的终极需求。

Q8 如何应对客户投诉

作为一名设计师，应该用诚信赢得客户，用品质说服客户，用服务感动客户。皆大欢喜的室内设计及装修是我们追求的最理想状态，但客户对我们的设计、施工和服务感到不满意也很正常。若有不满意，客户可能会有两种反应：投诉或者转身离开。

从这个角度来讲，投诉的客户如果愿意与我们沟通，就给了我们一个弥补遗憾和提升自身专业能力的机会。及时、恰当地处理和补救能够让客户消除不满并赢得其信任，进而建立更加牢固的客户关系。

当出现客户投诉的时候，请深呼吸，保持淡定。在开口之前，内心要先提醒自己我们是要解决问题的。此时最怕的就是还没清楚客户为什么有怨言就开始推卸责任，这样只会火上浇油。我们应该采取以下方式处理。

1. 让客户发泄，认真倾听

客户投诉一般是求发泄、求尊重、求补偿的心理。通过认真倾听，可以让客户感受到被尊重，心里的不满可以得到缓解和释放。通过倾听，也可以分析是公司施工的问题或设计师的失误引起了客户的不满？还是客户自身的原因？

2. 真诚地表达歉意，并深表理解认同，以稳定客户情绪

为当下的情况向客户表达歉意。我们无法保证客户在接受服务的过程中百分之百满意，但必须保证当客户因不满而找上门时，在态度上总是能够让对方百分之百满意！

对客户的不满深表理解，这是化解怨气的有力武器。要让客户感受到你的理解是真诚的、感同身受的，而不是在敷衍他。

3. 提出解决方案，征求客户意见，迅速处理

提出解决方案，平息客户的不满与投诉，谁对谁错或许没有那么重要，问题在于双方如何沟通处理，解决当前的问题。针对客户所投诉的问题，征询客户的想法，进行协商，迅速给出让双方都能满意的解决方案。确认客户已经理解，并向客户承诺不会再有类似事件发生。

同时，我们应当提出杜绝此类事件发生的处理方案，而不仅仅是解决了目前客户的投诉而草草了事。

4. 做好跟踪服务

解决客户投诉之后，并不意味着就此结束。还需要积极跟踪服务，以明确客户是否满意解决方案。如果还有不满，设计师仍然需要继续改进。我们要把客户投诉作为衡量设计师和公司服务质量的一面镜子，作为总结经验、找出差距、提高服务质量的动力。对客户的每一次投诉和抱怨，都应该专门登记备案，并定期分析，分析发生客户投诉的原因，并从客户投诉中寻找到有价值的信息，这样可以反过来推动自身专业能力和服务水平的提升。

Q9 应对客户投诉的几点细节

了解如何应对客户投诉后，还应该注意以下几点细节：

★ 向客户报上你的姓名，并表示保证解决他的问题。

★ 向客户致歉，不急于埋怨，不为自己刻意找理由或推脱，沟通技巧非常重要，非原则性问题少说“不”，换一种方式来表达。

★ 将客户带离人员集中的大堂，到无其他客户处，以免干扰公司其他设计师现场谈单。

★ 主动询问客户不满之处，并站在客户角度真诚表示有同感，优先处理让其满意的紧要事项，让其尽快发泄、消气、平静下来，同时从其言语中获得信息，便于下一步处理。

★ 问清细节，如投诉原因是设计问题、施工问题，还是客户自身原因，是否已过保修期等。

★ 判断自己能否解决或是否在自己权限范围内；如在权责范围内不能解决，应及时向上级反馈。

★ 把客户的问题规范登记在记录本上，并当着客户的面复述一次，以示尊重和重视，同时也再次核对登记信息。

★ 根据客户反馈的问题对接公司相关部门，确定处理方法和时间，并第一时间反馈给客户。如需客户等待，要明确等待的时间，以给予其合理的心理预期。

★ 及时跟进处理情况，处理完毕及时回复客户，并定期联系回访。

Q10 没有投诉是否意味着服务没有问题

一些设计师认为只要工程完成后，没有接到客户的投诉，就意味着客户对自己的设计和服务很满意，就可以高枕无忧了。

实际上，只要不是太大的问题，大多数客户都会保持沉默，他们不会投诉，也不会找你解决问题。但是，你也可能就失去了留住他们的机会。

有些客户会将对设计师的各种不满告诉自己的朋友。因此，在施工完成后，我们要主动、适时与客户联系，询问施工效果如何，对设计和服务的满意度如何等。一旦发现客户不满意，就要立即采取补救措施。